O livro "Eu Sou Quem Deus Diz
é uma obra profunda que explora a identidade cristã sob a perspectiva bíblica. Em um mundo marcado pelo individualismo e pela busca incessante por autodefinição, a autora oferece uma visão contracultural fundamentada na verdade das Escrituras. Ao entender que nossa verdadeira identidade está enraizada em Cristo, somos capacitados a enfrentar as incertezas e desafios da vida com segurança e propósito. A obra é rica em exemplos práticos e aplicações que ajudam o leitor a entender sua posição em Cristo, promovendo uma vida de serviço, amor e crescimento espiritual contínuo dentro da comunidade cristã. Este livro é uma leitura indispensável para todos que desejam compreender e viver a plenitude de sua identidade em Cristo.

Augustus Nicodemos Lopes, esposo de Minka Lopes; pastor Presbiteriano; autor de Profetas

Em meio à forte crise de identidade em que vivemos, é reconfortante ler sobre as verdades da Palavra de Deus, criteriosamente esmiuçadas pela querida Minka, para nos fazer lembrar quem verdadeiramente somos em Cristo. Neste livro belamente escrito, somos convidados a assumir, de forma ativa, nossa nova identidade em Cristo, aquele em quem não pode existir variação ou sombra de mudança. Que esta leitura nos faça correr mais rapidamente para Jesus, nosso alvo fixo e certo, por meio de quem podemos desfrutar a paz e a segurança de saber que somos quem Deus diz que somos.

Renata Cavalcanti, editora, Ministério Fiel

Uma das primeiras coisas que nos é ensinada quando ainda somos crianças é o nosso nome. Ao fazer isso, nossos pais desejam nos transmitir o conhecimento de nossa identidade. Um nome pode revelar muito sobre alguém: seu gênero, sua nacionalidade, a família a que pertence, a crença de seus pais e, algumas vezes, até algo sobre a época em que nasceu. Ademais, alguns nomes carregam ainda os sobrenomes dos pais, evidenciando um pouco sobre sua árvore genealógica. Assim, o que parece ser apenas um detalhe é algo extremamente importante, pois diz respeito à identidade de uma pessoa. Ao longo dos anos, porém, é possível que essa mesma pessoa experimente alguma crise de identidade. Isso ocorre quando ela permite que o seu passado, suas experiências ou mesmo outras pessoas ao seu redor a definam. Essas crises, além de complexas, são também doloridas e carecem de alívio e cura. Mas essa cura só acontece quando temos nossa verdadeira identidade afirmada por Deus. O Senhor é aquele que nos define de uma maneira objetiva e definitiva. Em seu livro, Minka Lopes discorre sobre a importância de conhecermos nossa verdadeira identidade a partir daquilo que Deus diz sobre nós. Estou certo de que esta leitura será não apenas instrutiva, mas também edificante para muitos.

Valdeci Santos, Diretor do Centro Presbiteriano de Pós-Graduação Andrew Jumper, Pastor da Igreja Presbiteriana do Campo Belo (SP)

MINKA LOPES

EU SOU
quem Deus diz
QUE SOU

Dados Internacionais de Catalogação na Publicação (CIP)
(Câmara Brasileira do Livro, SP, Brasil)

```
Lopes, Minka
    Eu sou quem Deus diz que sou / Minka Lopes. --
São José dos Campos, SP : Editora Fiel, 2024.

    Bibliografia.
    ISBN 978-65-5723-360-3

    1. Deus (Cristianismo) 2. Identidade (Psicologia)
- Aspectos religiosos - Cristianismo I. Título.

24-217095                                    CDD-248.4
```

Índices para catálogo sistemático:

1. Identidade : Psicologia religiosa : Cristianismo
   248.4

Eliane de Freitas Leite - Bibliotecária - CRB 8/8415

EU SOU QUEM DEUS DIZ QUE SOU

∎

Copyright © 2024 Editora Fiel
Primeira edição em português: 2024

∎

Todos os direitos em língua portuguesa reservados por Editora Fiel da Missão Evangélica Literária

Proibida a reprodução deste livro por quaisquer meios sem a permissão escrita dos editores, salvo em breves citações, com indicação da fonte.

Os textos das referências bíblicas foram extraídos da Versão Almeida Revista e Atualizada, 2ª ed. (Sociedade Bíblica do Brasil), salvo indicação específica.

∎

Diretor Executivo: Tiago J. Santos Filho
Editor-chefe: Vinicius Musselman Pimentel
Editor: Renata do Espírito Santo
Coordenação Editorial: Gisele Lemes
Adaptação e revisão: Shirley Lima
Diagramação: Rubner Durais
Capa: Rubner Durais
ISBN brochura: 978-65-5723-360-3
ISBN e-book: 978-65-5723-361-0

Caixa Postal 1601
CEP: 12230-971
São José dos Campos, SP
PABX: (12) 3919-9999
www.editorafiel.com.br

Àquele que nos criou com insondável perfeição.

Sumário

Agradecimentos — 9
Introdução — 15

Capítulo 1
   Identidade — 19

Capítulo 2
   Nossa identidade em Adão — 51

Capítulo 3
   A identidade de Cristo — 85

Capítulo 4
   Nossa identidade em Cristo — 107

Capítulo 5
   Prática — 137
   Considerações finais — 167
   Apêndice — 173
   Bibliografia — 175

Agradecimentos

Em primeiro lugar, sou grata ao Deus Soberano, Criador e Sustentador do Universo e do planeta Terra. Sou grata Àquele que preparou este lugar como hospedagem para o ser humano e no qual me deu o privilégio de habitar. Grata ao Deus que me criou e me deu a oportunidade de existir, viver, pensar, refletir, amar, honrar e usufruir a beleza ao meu redor; ao Deus que me fez para interagir com ele e com meu próximo; ao Deus que não só me fez para a interação, mas também me guia nela, orientando-me nos afazeres a mim prescritos. Sou grata por ele me ter feito com instrumentos hábeis, como mente e visão, e um corpo saudável, com o fim de utilizá-los para sua glória. E sou grata a Deus pelas dificuldades enfrentadas, sem as quais eu não teria compreendido boa parte do que aqui me dedico a escrever e expor.

Sou grata ao meu pai, Frans Leonard Schalkwijk, e à minha mãe, Margrietha J. M. H. Schalkwijk, que me mostraram o caminho da vida comum e da vida com Deus, apresentando-me, de forma bastante prática, a esse Deus bondoso e amoroso e à História da qual fazemos parte neste mundo.

Sou grata ao meu querido e amado esposo, que teve paciência comigo e me deu privilégios, incluindo o de me servir, inúmeras vezes, um café da manhã gostoso, para eu poder seguir direto ao trabalho árduo que é escrever.

Sou grata aos meus filhos queridos, Hendrika Elizabeth, Samuel Leonardo, David Augustus e Anna Margrietha, que, sem palavras, me apontaram o caminho de volta aos estudos, para que eu me capacitasse a entendê-los melhor, enquanto crescem e prosseguem rumo ao alvo.

Sou grata à minha irmã, Cristina, irmã duas vezes. Com esmero e muito amor, ela tem se dedicado à sua família, especialmente à sua filha, bastante limitada em seus movimentos — filha que tem mostrado que ama e louva, de maneira doce, ao Senhor, ao tentar se comunicar, ainda que de forma bastante primitiva, esforçando-se ao máximo para lembrar a todos nós as maravilhas de simplesmente estar viva.

Sou grata aos meus professores e às minhas colegas de mestrado, que me ajudaram na produção do conteúdo desta obra, animando-me nas horas difíceis. Agradeço ao Rev. Dr. Valdeci da Silva Santos, por sua paciência ao me redirecionar sempre que eu perdia o foco. Sou grata também aos professores que me abriram o leque do entendimento da riqueza e da imensidão em que nos encontramos como seres humanos criados, caídos e salvos pela graça. Entre eles, cito especialmente: Rev. Dr. Heber Campos Jr., por sua alegria e seu dinamismo ao mostrar o Deus da História; Rev. Dr. Tarcísio José de Freitas Carvalho, por confirmar a importância do tempo no qual vivemos e do dia de descanso, o Dia do Senhor; Rev. Dr. Davi Charles Gomes, por demonstrar que a riqueza de Deus pode ser apresentada de várias formas; e Rev. Dr. Wadislau Martins Gomes, por sua capacidade de apontar a interligação dos campos mais diferentes da existência humana. Também sou grata ao Rev. Dr. Paul David Tripp,

Agradecimentos

que, por meio de seu livro *Instrumentos nas mãos do Redentor*,[1] me levou a reconhecer com mais entendimento minha identidade em Cristo; e ao Dr. David Powlison, que, com intensas profundidade e destreza, capacitou-me a ver a importância e a necessidade de não apenas compreender o que significa viver *para* Cristo e viver *em* Cristo, mas também colocar essa verdade em prática no cotidiano.

Sou grata à Editora Fiel, por ter dado a mim o privilégio de ter um livro publicado. A Editora me alegrou ao me dar o privilégio de cantar com o salmista: "Engrandecei ao Senhor comigo, e todos, à uma, lhe exaltemos o nome". Que a dedicação e a amostra do seu desejo sincero de fazer o Senhor conhecido e engrandecido em dias tão sombrios possam continuar sendo um bálsamo para muitos. Como parte de minha trajetória de vida, essa editora, por meio de suas conferências, tem sido uma grande bênção. Grata também por isso.

Sou grata ainda aos irmãos em Cristo e amigos não cristãos que fizeram parte de minha trajetória de crescimento e entendimento do ser humano de forma prática. Agradeço ainda pela sinceridade das pessoas que não tiveram o receio de expor suas faltas diante de outras.

Sou grata ainda por meus filhos homens, que, corajosamente, me confrontaram com a dura realidade de que eu não seria capaz de salvá-los. Com eles, aprendi a deixar de querer ser, ainda que inconscientemente, o Espírito Santo. Entendi e me agarrei ao eterno amor do Pai por seu Único Filho e à sua união na decisão tomada antes da fundação do mundo.

---

1 Paul David Tripp, *Instrumentos nas mãos do Redentor* (São Bernardo do Campo, SP: Nutra Publicações, 2018).

Por meio da decisão dos filhos, pude agarrar-me com mais afinco à decisão inquebrantável do Pai — decisão que o Filho nos revelou ao orar: "a minha vontade é que, onde eu estou, estejam também comigo *os que me deste*" (Jo 17.24a, ênfase minha). Aprendi a me agarrar e a confiar na promessa irrevogável de que aqueles que o Pai deu ao Filho, e *somente aqueles*, suas ovelhas, *ninguém*, nem nada, os arrebatará de suas mãos — nem mesmo nossas decisões falhas e passageiras. Até mesmo esses Deus usou para, expondo minha fraqueza, levar-me para mais perto dele.

Aqui termino meus protestos de gratidão ao Deus Trino, por me haver concedido o privilégio de ser criada por ele e escolhida por ele antes da fundação do mundo para fazer parte de seu rebanho, o rebanho guiado por ele. Minha gratidão pelo privilégio de sentir a paz que está acima do entendimento humano. Minha gratidão por poder crer que o Senhor é fiel e bondoso em todas as suas obras. A ele, seja a glória eternamente! Amém.

"Sabemos que todas as coisas cooperam para o bem daqueles que amam a Deus, daqueles que são chamados [...] para serem conformes à imagem de seu Filho, a fim de que ele seja o primogênito entre muitos irmãos." (Rm 8.28-29)

Introdução

Quem sou? Para que vivo? Como evitar a ansiedade e a insegurança em um mundo individualista e construtivista? A quem devo me comparar para encontrar minha coerência interna? Em quem confiar? Por que, como crente, ainda me envolvo em brigas intermináveis? Em poucas palavras, preciso entender quem eu sou e para que fui criada, onde me encontro e como devo agir, para não entrar em desespero.

Neste livro, você terá um panorama geral de nossa identidade como seres humanos, de nossa identidade caída, da identidade de Cristo revelando a base de nossa verdadeira identidade, de nossa identidade em Cristo e, por último, de nossa identidade ativa para dentro do reino — reino no qual fomos colocados como membros de Cristo.

Os dois primeiros capítulos tratarão do nosso *ser*, e veremos que nossa identidade *em* Cristo é composta do ser, do estar e do agir (fazer). O terceiro capítulo abordará Aquele que oferece nosso *ser*, nosso *estar* e nosso *fazer*. O quarto, nosso *ser em Cristo*. E o quinto capítulo abordará nosso *fazer*.

Para entender o *ser*, lembro que, como criatura limitada a um corpo, o ser humano só terá condições de ficar de pé se contar com duas pernas, só poderá permanecer de pé se tiver equilíbrio e só poderá caminhar se tiver algo sólido debaixo dos pés. Assim também ocorre com o crente em Cristo.

Como ser humano criado, caído e redimido, ele só consegue ficar de pé porque recebeu vida. Só pode permanecer de pé e em equilíbrio se compreender sua identidade. Em relação ao *estar*, o cristão só pode andar com firmeza e confiança se reconhecer seu novo ambiente *em* Cristo, no qual ele se encontra. E, em relação ao *agir*, ele só pode andar em seu novo ambiente da forma que esse novo ambiente requer. A forma antiga deve ser descartada.

Essas verdades, entre outras, nos trazem estabilidade no mundo caído. No entanto, há mais uma verdade a ser abordada. A forma que o Criador trabalha na vida dos seus, para o progresso dos seus amados, rumo a um alvo maior. Isso para que evitemos lutar com as próprias forças, adotando soluções provisórias e paliativas.

Este livro, portanto, mostra nossa identidade como pessoas criadas, caídas e redimidas, e sua realidade antiga e nova, no tempo e no espaço. Além disso, busco mostrar a realidade de nossa semelhança com o Criador, e nossa atuação como seres sociais que têm um alvo, além da verdade de que, na condição de cristãos, nos encontramos em uma História que vem sendo contada por Deus, por meio dos seus, um povo que ele mesmo convocou e que teve seu começo em Adão. Em outras palavras, busco entender a identidade do ser humano como criado, a identidade do ser humano em seu estado de queda em Adão, para, em seguida, após entender a identidade de Cristo, tentar compreender a identidade do ser humano recriado *nele*. A parte prática consiste em uma amostra da dinâmica da "troca de identidade"[1] que precisa entrar em ação para que a nova

---

[1] L. Witkamp, Dr. *Kolossenzen: een praktische bijbelverklaring* (Kampen: Uitgeverij Kok, 1994), p. 96. Tradução livre.

identidade em Cristo seja assumida. A identidade a ser trocada é a identidade antiga em Adão, repleta de variações, cheia de insegurança e estresse. Essa identidade deve ser trocada ativamente pela nova identidade recebida em Cristo, nossa base e alvo certo e fixo, "em quem não pode existir variação ou sombra de mudança" (Tg 1.17), a fim de que o cristão possa viver e desfrutar a paz que lhe é ofertada por meio de Cristo.

A base para o estudo da identidade do cristão é a Palavra de Deus, não as escolas de antropologia, filosofia, sociologia ou psicologia. No entanto, a defesa das doutrinas que levam à verdade de cada parte dessa identidade é deixada para os teólogos. Não busco aqui provar o que somos em Cristo, mas demonstrar que a compreensão de nossa identidade *em* Cristo conduz, também em tempos de crise, a uma vida de compromisso e paz.

Este livro não é apologético, nem profissionalmente teológico, muito menos um compêndio de sociologia, psicologia ou antropologia, embora certamente encontre fundamento em todas essas disciplinas. Tento apenas resumir nossa identidade em Cristo de uma perspectiva diferenciada. Em algum sentido, remeto à importância de lembrarmos que estamos inseridos no tempo e no espaço, os quais o próprio Criador usa para nos fazer crescer e aprender a sermos filhos do Altíssimo. Ao mesmo tempo, por estarmos inseridos no império das trevas, nosso dever é estarmos disponíveis para atuar como embaixadores do Rei, proclamando, por meio de nossas vidas ativas, o Reino vindouro.

Que Deus nos dê a graça de passar ativamente da nossa realidade caída em Adão para a realidade redimida em Cristo; e, da realidade em trevas e mentira, para a realidade na luz fundamentada na Verdade!

1
Identidade

CONTEXTUALIZAÇÃO, SIGNIFICADO E ABRANGÊNCIA

Janete, mestranda em aconselhamento, está por demais ansiosa, pois vem passando por problemas sérios com sua filha, que se encontra prestes a sair de casa. O lar de Janete é cristão, mas as duas vivem brigando. A comunicação está praticamente impossível, e as brigas são cada vez mais constantes e desgastantes. Uma simples atividade de lavar a louça já provoca brigas com consequências desastrosas. Janete já está à procura de remédios para poder dormir. Essas e outras brigas estão tornando inviável a vida em família, e a solução iminente de separação entre mãe e filha provavelmente não será revertida.

Mas por que tudo isso? Por que, afinal, um simples *lavar a louça* pode causar um temporal tão grande? Que espécie de entendimento da vida leva mãe e filha a entrarem em tantos conflitos? Qual é a base de suas palavras? De suas ações? Para que vivem? O que leva uma circunstância normal da vida cotidiana a desembocar em atritos tão sérios?

Acredito que o entendimento mais amplo de nossa identidade *em* Cristo e a prática consciente de entrelaçá-la na vida fazem grande diferença no dia a dia dos relacionamentos.

A razão é que, muitas vezes, mesmo tentando obedecer à Palavra de Deus, as coisas não andam. A Palavra, que parece tão segura, não evita os desentendimentos e termina sendo desacreditada. Isso, no longo prazo, faz com que "ainda continuemos nos perdendo".[1] Portanto, é preciso aprender a encontrar nosso lugar como indivíduos no cenário mais amplo que nos é entregue por meio da Palavra de Deus. Afinal, os direcionamentos descritos na Bíblia, em conjunto, só "farão sentido quando inseridos no contexto maior da história".[2]

Janete e a filha estão perdidas em meio aos conflitos do dia a dia. Ao entenderem e reconhecerem a nova identidade e o novo panorama em que estão inseridas *em* Cristo, elas serão capazes de compreender a importância do relacionamento mútuo e não ficarão desorientadas.[3] Ao entenderem e usufruírem sua nova posição em Cristo, o próprio Cristo, com quem elas estão espiritualmente unidas, as levará a ver "tudo, da origem ao destino (...) e as conduzirá ao lugar no qual deveriam estar",[4] a uma nova visão até mesmo da ação de lavar louça. O entendimento de sua identidade e de sua posição em Cristo não eliminará os problemas, mas estes, quando surgirem, poderão ser contornados e até mesmo vão se revelar úteis para sua vida e seu crescimento.

Observando Janete e suas reações, vemos que ela procura manter-se de pé, tentando encontrar sua identidade, por exemplo, no que ela acredita ser a perfeita *dona de casa*. Em uma era em que nossa identidade depende de nós mesmos,

---

[1] Timothy S. Lane; Paul David Tripp. *How people change* (Canadá: New Growth Press, 2008), p. 79. Tradução livre.
[2] Ibidem, p. 80. Tradução livre.
[3] Ibidem.
[4] Ibidem.

em que somos nós que fazemos a coisa acontecer, Janete é levada, como dona do lar no qual vive e é ativa, a se preocupar com uma "semelhança absoluta", imposta por ela mesma e respaldada pelo modelo daquilo que os de fora acreditam ser uma mulher organizada e bem-sucedida. Nesse caso, ela procura sua identidade e a aprovação, tanto de si mesma como dos outros, por meio do que julga ser uma boa dona de casa e o que os outros dizem que é. Assim, esse modo de ser e agir a leva a entrar em conflitos intermináveis e por demais desgastantes com a filha, que, provavelmente, também está tentando encontrar alguma base para sua própria identidade.

Para Janete, a troca de identidade, resultando na paz com sua filha, virá por meio do entendimento de sua posição *em* Cristo, o que fará com que ela mude de foco. Seu entendimento será de que sua identidade não mais depende da avaliação de sua posição como dona de casa, mas, sim, do fato de estar firmada *em* Cristo, pois buscar o Doador da vida para nossa existência nos traz muito mais estabilidade e alegria do que buscar nossa identidade no mundo com foco na sobrevivência do mais forte.

Os Guinness, em sua palestra "Seja você mesmo! Mas quem sou eu?",[5] nos leva a refletir sobre nossa identidade e sobre como ela é vista nos dias de hoje. Ele afirma que, nos últimos tempos, nos movemos "de um mundo *conferido* a nós para um mundo *obtido* por nós [pelo próprio eu]".[6] Um mundo no qual tudo é *fluido*. Um mundo no qual o construtivismo social impera e "não há realidade natural (...) criada,

---

[5] Os Guiness. *Author and social critic, be yourself! But who are you really?* Disponível em: https://www.youtube.com/watch?v=Zyc53KWSSAU, Gordon College Chapel, 2017. Acesso em: mai. 2017. Tradução livre.

[6] Ibidem. Tradução livre.

(...) tudo pode ser reconstruído (...) e está mudando",[8] levando-nos a uma confusão globalizada e a uma desintegração da identidade — não somente uma desintegração da identidade do indivíduo, mas também da identidade da sociedade, que já está entrando em colapso.[7] Keyes confirma essa confusão e essa desintegração ao afirmar que a crise de identidade não é somente individual, mas também coletiva, atingindo países, igrejas, famílias "e até mesmo a profissão da psiquiatria".[8] A sociedade está carente de limites. Os indivíduos e as instituições estão à procura de algo que os mantenha de pé. Isso porque, por definição, a identidade é encontrada comparando-se uma coisa com outra, com o objetivo de encontrar sua *semelhança absoluta*.

Guinness também nos coloca em xeque, evidenciando a necessidade de a igreja reavaliar seu papel na sociedade.[9] No entanto, assim como Janete, percebemos que muitos cristãos que aceitam o desafio de ser luz neste mundo imerso em trevas e confusão frequentemente também se veem presos nessa confusão de identidade. Isso, por vezes, os leva a desespero, depressão ou até mesmo cinismo, por não terem condições de assumir seu papel de luz neste mundo. Acreditamos que uma das razões é o fato de que não entendem e, portanto, não assumem sua verdadeira identidade *em* Cristo, nossa Rocha firme, base segura para o dia a dia. A ausência de uma identidade segura tira de sob os pés dos cristãos seu sustento

---

7 Os Guinness. "How the church engages in a post-Christian culture". Disponível em: YouTube, https://www.youtube.com/watch?v=Yt2frTdtu88, 02 nov. 2012. Acesso em: fev. 2017.
8 Dick Keyes. *Beyond identity, finding your self in the image and character of God* (UK: Destinée Media, 2012), p. 7. Tradução livre.
9 Os Guinness. "How the church engages in a post-Christian culture". Disponível em: YouTube, https://www.youtube.com/watch?v=Yt2frTdtu88, 02 nov. 2012.

para a vida cotidiana.[10] E essa falta de base leva os crentes a se dobrarem a qualquer vento de doutrina, na tentativa de eliminar a ansiedade intrínseca que permeia nossa sociedade e invade nossas igrejas. Esse quadro traz ainda mais confusão à já vacilante identidade, que, ao tentar se tornar culturalmente relevante, *identificando-se* com a cultura deste mundo, afunda cada vez mais em sua esquizofrenia. Na verdade, eles tentam firmar-se em uma autoestima, reinventando-se a todo custo, com o fim de se sentirem bem por meio de suas próprias conquistas.[11] Desse modo, inauguram um cristianismo confuso e sem Cristo, dependente de uma segurança vacilante.

Acredito que o mundo hedonista, individualista e imediatista de nossos dias agrava ainda mais essa confusão de identidade. O hedonismo, doutrina segundo a qual "o prazer é o único ou principal bem da existência",[12] evita o desconforto a todo custo[13] e, ao lado da perda da identidade a nós *conferida*, enfraquece ainda mais as pessoas, tornando-as inaptas para enfrentar as dificuldades da vida.

O individualismo, por sua vez, "doutrina (...) que valoriza a autonomia individual, em detrimento (...) da coletividade",[14] advoga a primazia do *eu* e nos leva a perder de vista o aspecto coletivo do ser humano e de nossa identidade em Cristo, como nação e como povo que "Deus providenciou

---
10 Ibidem, p. 27.
11 Michael Horton. *Cristianismo sem Cristo: o evangelho alternativo da igreja atual* (São Paulo: Cultura Cristã, 2010), p. 9.
12 Michaelis. *Dicionário brasileiro da língua portuguesa* (São Paulo: Melhoramentos, 2018). Disponível em: http://michaelis.uol.com.br. Acesso em: abr. 2017.
13 Veja a quantidade de cesarianas, por exemplo, em Valéria Perasso. "'Epidemia' de cesáreas: Por que tantas mulheres no mundo optam pela cirurgia?", *BBC, Brasil, notícias*. São Paulo. Disponível em: http://www.bbc.com/portuguese/noticias/2015/07/150719_cesarianas_mundo_rb, 19 jul. 2015.
14 Michaelis, op. cit.

[para ser para nós] um contexto maravilhoso de mudança".[15] O individualismo exige que lutemos continuamente por nossa individualidade e por uma independência que não podemos ter — e não podemos ter simplesmente por nos constituirmos em seres sociais.

O imediatismo, cuja forma de procedimento dispensa "rodeios" e vai "direto ao assunto",[16] parece ser muito bom, mas resvala na autoajuda. Nele, não se reserva tempo algum para o crescimento progressivo e dependente do Senhor, nem mesmo para refletir a respeito. Isso resulta em não obedecer à Palavra do Senhor no que se refere à renovação do "espírito do (...) entendimento" (Ef 4.23) e à "transformação e à renovação da mente" (Rm 12.2). Porque, para isso acontecer, é necessário estudar a Palavra, buscar orientação e cultivar uma comunhão mais profunda com seu Criador. E todas essas coisas demandam tempo para sua realização. Dessa forma, perde-se a noção de nosso crescimento progressivo como seres humanos e do crescimento progressivo de nossa identidade *em* Cristo. Se considerarmos que somos de Cristo e precisamos obedecer a ele, devemos investir tempo para pensar e refletir sobre quem realmente somos, de modo a termos a capacidade de obedecer com propósito.

Nesses "ismos", temos ainda o *evolucionismo*, "teoria da evolução dos seres vivos no decorrer do tempo".[17] O evolucionismo não nos tem ajudado em nossa "transformação"; pelo contrário, tem causado muito estrago na mente daqueles que são influenciados por seus argumentos, que, sem parâmetros

---

15 Lane, op. cit., 2008, p. 80.
16 Michaelis, op. cit.
17 Ibidem.

a seguir, pioram em muito a situação de quem já vive em um mundo no qual a identidade não tem base de partida,[18] mas deve ser obtida pela própria pessoa. Já que a transformação que advoga é randômica e não tem um alvo definido, o evolucionismo deixa o indivíduo e a sociedade sem um porto seguro. Ele não nos permite encontrar terra firme, deixando-nos à deriva em uma sociedade cambaleante, sobre a qual o líder da Gestapo Heinrich Himmler "declarou que a lei da natureza precisa tomar seu próprio rumo na sobrevivência do mais forte. [Opinião que] teve como resultado as câmaras de gás".[19] Alguns profissionais da engenharia genética recorrem ao mesmo argumento "para sustentar a posição de que o fraco não deveria ser mantido vivo (...)".

Essas doutrinas, assumidas como importantes pela sociedade, levam o crente a não compreender sua identidade em Cristo e a se agarrar a qualquer coisa com o propósito de sobreviver ao dia a dia em um mundo em queda livre, individualista. Um mundo no qual cada um precisa tentar sobreviver sozinho — um mundo absorto na ideia de evolução, em que cada um precisa fazer tudo que está ao seu alcance, pois, em última instância, quem realmente sobrevive é o mais forte. Acredito que muitos cristãos não se deram conta de quem realmente são em Cristo, não compreenderam que ser cristão é mais do que somente aceitar o Senhor Jesus Cristo. Ser cristão abrange mudança de identidade, de parâmetros e até mesmo de alvos de sobrevivência.

---

18 A não ser os conceitos da ameba original e da sobrevivência do mais forte.
19 Francis A. Schaeffer. *How should we then live?: the rise and decline of Western thought and culture* (New Jersey, EUA: Fleming H. Revell Company, 1976), p. 151. Tradução livre.

O mundo em caos precisa desesperadamente de "um terremoto santo de homens e mulheres contraculturais"[20] que compreendam sua "identidade como filhos de Deus".[21] Homens e mulheres portadores de sua imagem, perdoados por sua graça, inseridos no reino da luz e focados no reino celestial. Pessoas que se lembram de que estão em um mundo em trevas para ser luz, que sabem que são criaturas caídas com "limitações",[22] que não se entregam à ansiedade com o fim de tentar provar aos outros que são "importantes, valiosas e amadas", pois reconhecem sua dignidade em Cristo e seu objetivo aqui neste mundo perdido.

A compreensão de nossa identidade e de nossa união com Cristo — ou, em outras palavras, *em Cristo* — está no fundamento da vida cristã e foi uma das preocupações dos apóstolos. Paulo, por exemplo, só desafia a igreja de Éfeso a se despir do velho homem, renovar-se no entendimento e se revestir do novo após quase quatro capítulos mostrando quem somos e em quem nos encontramos após a conversão. Assim, somente após estarmos cientes da "base da identidade nova, profunda e centrada em Deus, como eleitos, santos e amados, somos instados a nos 'revestir'".[23] A renovação do entendimento vai acontecendo e se entrelaçando, enquanto o Senhor, por meio de seu Espírito, vai nos mostrando o caminho e nós procuramos obedecer a ele, à luz de nossa nova posição nele.

---

20 Mary A. Kassian; Nancy Leigh DeMoss. *Mulher: sua verdadeira feminilidade: design divino: um estudo de oito semanas* (São Paulo: Shedd Publicações, 2015), p. 17.
21 Kevin DeYoung. *Superocupado: um livro (misericordiosamente) pequeno sobre um problema (realmente) grande* (São José dos Campos: Fiel, 2014), p. 104.
22 Ibidem.
23 John Piper. *Casamento temporário: uma parábola de permanência* (São Paulo: Cultura Cristã, 2011), p. 51.

Identidade

Outro exemplo é a carta do apóstolo Pedro, na qual ele reconhece que não é possível observar o mandamento de ser santo porque Deus é santo sem a mudança no entendimento de nossa identidade, pois tentar obedecer ao mandamento por conta própria poderia causar grande ansiedade ou até mesmo um legalismo doentio e fatal. Portanto, antes de apresentar o mandamento "sede santos porque eu [Deus] sou santo" (1Pe 1.16), ele nos auxilia a compreender nossa identidade em Cristo. Pedro revela que o cristão faz parte de outro mundo (1Pe 1.1; 2.11), um mundo no qual uma herança diferenciada nos aguarda (1Pe 1.4). Ele nos estimula a confiar no poder de Deus (1Pe 1.5) e nos lembra que as provações virão, não para a derrota, mas para testar e confirmar essa confiança (1Pe 1.6-9). Além disso, registra que é preciso cingir o entendimento, ser sóbrio e esperar na graça de Deus (1Pe 1.13), para, somente então, passar a abordar o mandamento de sermos santos. Acredito que Pedro expandiu aqui, à sua maneira, o que ele mesmo teve de aprender na prática por meio do treinamento recebido da parte de Cristo.[24]

Com a intenção de serem relevantes no mundo em que vivem, muitos cristãos não percebem que seu cristianismo está prestes a existir sem a presença do Cristo Redentor. Vivem como os judeus viviam, tendo "zelo por Deus, porém não com entendimento" (Rm 10.2), enfatizando as obras (Rm 9.32), o "mostrar serviço",[25] em vez de viver na graça de

---

24 Veja a negação de Pedro e sua restauração posterior. Pedro aprendeu que, sem a cruz, sem entender sua identidade em Cristo e sem aprender a negar a si mesmo, não teria como ele ser usado de forma gloriosa por Deus.
25 Michael Horton. *Cristianismo sem Cristo: o evangelho alternativo da igreja atual* (São Paulo: Cultura Cristã, 2010), p. 91.

Deus[26] e trabalhar para seu reino na dependência dele, nosso Criador. É aparente que existe uma adesão pelo cristão à visão psicológica de que o homem "nasceu para ser feliz",[27] distorcendo, assim, o objetivo de sua existência em Cristo, que envolve não uma felicidade passageira, mas uma felicidade de caráter eterno, que se traduz em uma "herança incorruptível" (1Pe 1.4). Herança que se encontra reservada nos céus enquanto o Deus Trino trabalha em nós aqui na terra, para que sejamos mais parecidos com nosso irmão mais velho.[28]

Definindo identidade

Até aqui, muito se falou de identidade. Mas o que significa mesmo esse termo?

A identidade pode ser entendida como o "estado de semelhança absoluta e completa entre dois elementos com as mesmas características principais".[29] A palavra *identidade*, portanto, revela o *idêntico*, a *"semelhança absoluta"*.[30] Como seres humanos, reconhecer nossa identidade, contar a nós mesmos quem somos, é "uma das formas mais importantes de como tentamos ver sentido na nossa vida".[31] E "a busca pela identidade pessoal tem o propósito de nos levar de volta ao Criador".[32]

Para fins de identificação do indivíduo na sociedade, sua apresentação se dá por meio de um "cartão expedido por autoridade competente, com dados impressos e uma foto que

---

26 Ibidem.
27 Horton (citando Rieff), op. cit., p.31.
28 Veja Romanos 8.28-29.
29 Michaelis, op. cit
30 Dick Keyes. *Beyond identity, finding your self in the image and character of God* (UK: Destinée Media, 2012), p. 7. Tradução livre.
31 Timothy S. Lane; Paul David Tripp. *Relacionamentos: uma confusão que vale a pena* (São Paulo: Cultura Cristã, 2011), p. 61.
32 Ibidem.

identificam seu portador".[33] A esse cartão, chamamos *carteira de identidade*, contendo dados como nome, sexo, filiação e nacionalidade, o que permite que o indivíduo seja reconhecido socialmente. A usurpação desse documento por outro indivíduo é considerada crime de falsidade ideológica.

A data, a naturalidade e a filiação descritas na carteira de identidade provam a importância desses dados. Assim, a data revela que essa identidade está acoplada a um *tempo*, o começo visível do indivíduo neste mundo: dia/mês/ano do seu nascimento. A naturalidade nos revela a importância do *espaço* que esse indivíduo assumiu quando veio fazer parte deste mundo: lugar de nascimento, país/estado/cidade. A filiação nos revela a importância *social* desse indivíduo, como pertencente a um dado círculo. Portanto, a carteira de identidade revela a posição fixa do indivíduo no tempo e no espaço, bem como a origem de sua linhagem na sociedade. O que a carteira de identidade não nos revela, por exemplo, é a progressão desse indivíduo nesse recorte temporal e espacial, e o alvo que esse indivíduo tem para sua vida, além do entendimento de sua normalidade — ou seja, se ele é considerado *normal* perante a sociedade.

Construção da identidade

Por muito tempo, a psicologia atribuiu à ciência e à biologia, aos "princípios da ciência médica", o poder de definir a identidade do indivíduo.[34] No entanto, considerando "o homem

---

33 Michaelis, op. cit.
34 Carolina Laurenti; Mari Nilza Ferrari de Barros. "Identidade: questões conceituais e contextuais", *PSI, Revista de Psicologia Social e Institucional* (Londrina: Universidade Estadual de Londrina, v. 2, n. 2, jun./2000). Disponível em: http://www.uel.br/ccb/psicologia/revista/vol2n1.htm, p. 1. Acesso em: 20 abr. 2017.

enquanto sujeito social",³⁵ os estudiosos se deram conta de que nossa identidade como indivíduos se encontra acoplada ao tempo em progressão, ao espaço compartilhado com outros indivíduos e a uma sociedade em progresso constante, com mudanças frequentes.

Nesse contexto, os estudiosos alteraram a etimologia do termo *identidade* no que diz respeito àquilo "que permanece",³⁶ com o fim de assegurar "a continuidade do indivíduo"³⁷ inserido na sociedade como pessoa singular no tempo e no espaço. Dessa forma, somos assegurados de que a identidade do indivíduo "não é, mas *vai sendo* construída",³⁸ abandonando-se, assim, "a noção da imutabilidade".³⁹ Portanto, visto que nos encontramos em mudança constante, a *semelhança absoluta* prevista no termo "identidade" precisa de mais do que somente o respaldo da imutabilidade dos termos descritos em nossa carteira de identidade — naturalidade, filiação e data de nascimento. O ser humano, por estar preso no tempo e espaço, numa sociedade em constante mudança, sente-se, muitas vezes, perdido ao tentar encontrar a própria identidade, pois sua vida é fluida e mutável. Nos dias de hoje, essa mutabilidade se encontra até mesmo na carteira de identidade, quando, por exemplo, é concedida ao indivíduo a possibilidade de mudar de nacionalidade ou até mesmo de gênero.

Então, a que, ou a quem, o indivíduo deve associar [acoplar] sua identidade, se ela não pode ser buscada nos outros,

---

35 Ibidem, p. 2.
36 Infopédia. *Artigos de apoio*. In: *Língua portuguesa com acordo ortográfico. Dicionário Porto Editora, 2003-2016*. Disponível em: http://www.infopedia.pt/$identidade-(sociologia). Acesso em: 12 abr. 2016.
37 Ibidem.
38 Laurenti, op. cit., p. 7. Ênfase do autor.
39 Ibidem.

em sua carteira, que o identifica, e nem mesmo no próprio "eu" em questão? Com quem ele deve se identificar? De que forma sua identidade deve ser construída?

Identidade e coesão interna

Existe um elemento essencial à construção da identidade: a coesão interna. Em psicologia, a identidade, o idêntico, a *semelhança absoluta*, tudo isso é traduzido como "autoidentidade, coesão interna, respeito próprio".[40] Mesmo "em meio a um mundo em constante mudança interna e externa",[41] os indivíduos tentam, constantemente, fundamentar sua identidade, encontrar essa coesão interna, a fim de encontrar a "paz consigo mesmo, com Deus e com os outros".[42] Mas como essa paz pode ser encontrada em um mundo em ebulição, em constante mudança e repleto de insegurança?

Como seres inseridos no tempo em progressão, nossa identidade, nossa *semelhança absoluta*, não pode estar inteiramente associada aos termos descritos na carteira de identidade. Além disso, a *coesão interna* dessa nossa identidade fica prejudicada quando entendemos nossa dependência de terceiros, os quais também se encontram no tempo em progressão e, portanto, em mudança constante. Essa dependência de terceiros é percebida assim que observamos o nome dado ao indivíduo, conferido a ele por terceiros. Desde o berço, até mesmo essa parte de sua identidade está atrelada ao comportamento externo de terceiros. Alguns tentam acoplar a identidade de um indivíduo à atividade de nomear, realizada por terceiros. Laurenti, por exemplo, observa que "a

---

40 Keyes, op. cit., p. 7. Tradução livre.
41 Ibidem. Tradução livre.
42 Ibidem.

identidade (...) é o próprio comportamento, é ação, é verbo",[43] em que o homem só será capaz de se reconhecer como tal "se os outros assim o reconhecerem".[44] No entanto, ao analisar a questão mais de perto, percebe-se que a identidade intrínseca de um ser humano vai além dessa nomeação e não está vinculada puramente às ações daqueles que deram nome ao indivíduo, assim como a identidade do elefante não se encontra presa ao nome que lhe foi conferido. Esse nome tão somente simplificou sua identificação perante terceiros, pois o elefante continuaria sendo elefante mesmo que lhe fosse conferido outro nome. Igualmente, o nome dado a um ser humano o identifica frente a ele mesmo e a outros seres como ele, mas sua identidade vai muito além desse nome e do ato de nomear. Pois, mesmo antes da nomeação e até mesmo da concepção do indivíduo, que também depende de terceiros, sua identidade está ligada a algo maior, ao Criador. Portanto, a identidade está realmente associada a um ato — não, porém, ao ato da nomeação, mas, sim, ao ato da criação.

É aqui que entra a cosmovisão bíblica sobre o mundo, o homem e Deus, para nos proporcionar um quadro mais completo sobre o enigma da identidade humana. Ao analisar a identidade do indivíduo sob a perspectiva bíblica, reconhecemos que ela não tem sua base em pessoas, nem em sua nomeação por pessoas, mas naquele que o formou. A identidade do Criador precede a existência dos antecessores do indivíduo. Portanto, a identidade do homem não está no verbo, na atividade de nomear, mas no Verbo por meio de quem tudo foi criado (Jo 1.1-3). Não está no ato de nomear

---

43 Laurenti, op. cit., p. 17.
44 Ibidem.

o elefante, ordem dada por Deus a Adão no paraíso, mas interligada ao Criador, que lhe concedeu as características necessárias para ser identificado como tal. Nossa identificação, portanto, está atrelada ao Criador, que nos fez à sua imagem e conforme sua semelhança (Gn 1.26-27). Fez-nos à semelhança do Verbo, por meio de quem tudo foi criado, e que, na plenitude do tempo, adentrou o seu mundo para que a Luz raiasse sobre o homem e sua existência, mostrando, por meio dele, de forma palpável, sua verdadeira identidade. Não é uma identidade imposta por terceiros ou obtida pelo próprio eu e, portanto, mutável em sua essência. É uma identidade dada pelo próprio Criador, conferindo-lhe, após a Queda, em Cristo, o Verbo encarnado, a possibilidade de experimentar a *coesão interna* tão desejada e a *semelhança absoluta* que lhe será conferida e restabelecida progressivamente por Deus, o Criador.

A experiência de coesão interna provém de "uma percepção de coerência interna" e da "aceitação de sua pessoa como tendo valor".[45] Essa coerência interna e a consequente aceitação de si mesmo são de grande importância quando o indivíduo depara com circunstâncias adversas em seu dia a dia. Como seres humanos pensantes, temos a necessidade de compreender quem somos para, assim, podermos, conscientemente, agir em conformidade com o que somos. Temos a necessidade intrínseca de ser coerentes. E a coerência interna definirá se uma pessoa vai depender daquele que lhe oferece essa coerência ou de terceiros e/ou circunstâncias para vencer as dificuldades.

---

45 Keyes, op. cit., p. 9. Tradução livre.

Entre os problemas relacionados à identidade, um fator essencial e crítico é "o relacionamento quebrado entre a humanidade e Deus".[46] Essa ruptura deixou o indivíduo à deriva, com uma identidade *fraca*, doentia e ansiosa. Essa identidade fraca o leva a viver tentando "se encontrar ou se fortalecer (...) se gabando, manipulando", na tentativa de se autoafirmar[47] e de que os outros o ajudem a conquistar essa tão desejada *coesão interna*. A tentativa de um sentimento de confirmação para que essa coesão interna seja conquistada provém de um senso desintegrado de identidade, o que pode causar, sem exagero, profunda dor psicológica.[48] Portanto, é preciso apresentar algo que realmente traga sustento para o entendimento de uma identidade sólida.

O estudo da identidade em Cristo, portanto, é de grande importância, pois ajuda o indivíduo a reconquistar a coesão interna por meio do entendimento coerente de sua identidade como ser humano criado à imagem de Deus e, portanto, encontrada em Deus. Dessa forma, ele pode assumir, conscientemente, sua verdadeira identidade e a "autocoerência e [a] autoaceitação",[49] que trazem paz em meio ao caos da vida, sem permanecer na dependência doentia de terceiros. Trata-se de uma coerência com "moralidade, modelos, domínio e amor",[50] provenientes da fonte correta para base e sustento, em que a morte — ameaça final e definitiva da identidade —[51] não mais o assombra.

---

46 Ibidem, p. 30. Tradução livre.
47 Ibidem, p. 10. Tradução livre.
48 Ibidem.
49 Keyes, op. cit., p. 14. Tradução livre.
50 Ibidem. Tradução livre.
51 Ibidem.

É devastador, tanto para o indivíduo como para os demais membros de uma comunidade cristã, quando não compreendem quem são e qual é sua nova posição em Cristo, ou seja, como membros de seu corpo. Entender a posição em Cristo, no tempo e no espaço, os ajudará no incansável trabalho progressivo rumo a uma mudança de valores e de dependência. Uma vez que a identidade em Cristo é definida, a coerência e a coesão interna que provêm desse entendimento serão de grande ajuda, não somente para mudar ativamente atitudes e ações, mas também para livremente aceitar ser trabalhado e mudado pelo seu Criador.

Redefinição da identidade

Vejamos agora o que se entende por redefinição da identidade e sua importância para o cristão. A procura pela identidade começou no período do Iluminismo, em que "o mundo primário", "o mundo da experiência original",[52] o mundo criado, "simplesmente aquilo que a realidade deveras é",[53] foi substituído pela "ilusão de que a ciência fornece o único conhecimento da realidade verdadeiro, completo e concreto."[54] A compreensão da identidade humana trazida pelo Iluminismo foi, por assim dizer, um desserviço para a humanidade. Em vez de aceitar que somos feitos à imagem de Deus para lhe servir no mundo criado por ele e adorá-lo, o homem passou a buscar outra base para sua identidade, uma base que porventura se encontrasse em si mesmo ou

---

52 Egbert Schuurman. *Cristãos em Babel* (Brasília: Monergismo, 2016), p. 42-3.
53 James W. Sire. *Apologética além da razão. Por que ver é realmente crer: Reflexões sábias e espirituosas de um homem que tem por muitos anos se saturado da verdade, da cosmovisão e da apologética cristã. Há um milhão de sinalizações apontando para a verdade específica de Deus em Cristo* (São Paulo: Cultura Cristã, 2017), p. 70.
54 Ibidem, op. cit., p. 70.

no mundo ao seu redor.[55] Essa nova forma de identidade estabelecida, ao final, leva o indivíduo à ansiedade, pois ele se vê constantemente na tentativa de estabelecer uma originalidade própria[56] e encontrar uma identidade que caiba em si mesmo, em vez de assumir a identidade que lhe foi conferida pelo Criador de seu ser.

Além do Iluminismo temos o Neorromantismo, que afirma ser a identidade encontrada naquilo que o indivíduo sente. Se ele sente, ele é. Aqui "os sentimentos reinam",[57] deixando o ser humano com um problema muito sério, já que os sentimentos são por demais volúveis. Nesse caso, a ansiedade também o invade de forma intensa, por causa da constante instabilidade.

Em ambos os problemas já apresentados, a redefinição da palavra *identidade*, com a retirada da "noção da imutabilidade", aparenta ser a solução mais plausível. No entanto, diante da afirmação bíblica de que Deus fez o homem à sua imagem e conforme sua semelhança, percebemos que essa redefinição da palavra não é requisito para o homem se encaixar no que ela significa. É necessário, sim, haver uma reorientação do entendimento da base da identidade, pois essa base se encontra fora do indivíduo e vai "além da identidade",[58] identidade reconhecidamente instável nos dias de hoje. Deus fez o homem à sua imagem e conforme a sua semelhança (Gn 1.26), portanto a verdadeira identidade será encontrada na "imagem [perfeita] do Deus invisível" (Cl 1.15) — Cristo, base e fonte da identidade que traz em seu bojo a *semelhança*

---

55 Keyes, op. cit., p. 14-17.
56 Ibidem, p. 21.
57 Ibidem, p. 27. Tradução livre.
58 Ibidem, capa. Tradução livre.

absoluta da qual necessitamos, semelhança confiável por ser ele, Cristo, imutável. Assim, *em Cristo*, com a ajuda do Espírito, o homem poderá assumir sua verdadeira identidade.

Acredito que o próprio Criador nos entrega à "busca pela identidade pessoal [perdida] (...) [com] o propósito de nos levar de volta [a ele]".[59] Ao nos criar como "seres racionais que tomam decisões baseadas no modo como interpretam a vida", ele nos dá condições para que essa vida seja interpretada, para sabermos "quem somos"[60] e assumirmos uma postura diante dessa verdade. A esse respeito, Powlison afirma: "Para nos tornar verdadeiramente humanos, Deus tem de transformar aquilo que queremos",[61] o que é mais um motivo para Deus continuar nos dando condições para o exercício dessa nova postura. "As pessoas mudam quando veem que são responsáveis pelo que creem sobre Deus."[62] Assim, vemos como o conceito e a possibilidade de redefinição da identidade são essenciais para o cristão entender a si mesmo.

A MUTABILIDADE DE NOSSA IDENTIDADE COMO SERES SOCIAIS E CULTURAIS

A importância da identidade social e cultural

Para o entendimento de nossa identidade em Cristo, devem ser considerados dois conceitos-chave com os quais a cosmovisão bíblica trabalha: *estrutura* e *direção*.[63] A direção que

---

59 Lane, op. cit., p. 61. Veja Atos 17.27.
60 Ibidem.
61 David Powlison. *Uma nova visão: o aconselhamento e a condição humana através das lentes das Escrituras* (São Paulo: Cultura Cristã, 2010), p. 151.
62 Ibidem.
63 Albert Wolters. *A criação restaurada: base bíblica para uma cosmovisão reformada.* (São Paulo: Cultura Cristã, 2006). p. 20-1.

a identidade em Cristo tomará, após o novo nascimento, é oposta à direção da identidade em Adão, da qual fazemos parte como seres humanos caídos. Portanto, o conceito e o entendimento da condição de mutabilidade de nossa identidade são importantes, pois, sem isso, não poderemos, entre outras coisas, assumir essa nova posição em Cristo. Essa mudança de direção só é possível por estarem presentes as condições de mutabilidade.

Para que em Cristo sejamos nova criação, precisamos mudar de lugar e de direção. Mudança de lugar, de *em Adão* para *em Cristo*, e de direção, porque em Adão tentamos ser deus e servimos ao nosso próprio reino, ao passo que em Cristo adoramos a Deus e a ele servimos de coração e com todo o entendimento. Em Adão, "a autoridade de Deus é contestada";[64] em Cristo, aceitamos sua autoridade como Salvador e Rei.

A carteira de identidade, por exemplo, remete a um ser individual e social, visto que até mesmo o nome do indivíduo lhe é dado por terceiros, pelas pessoas com quem compartilhamos, inclusive, tempo e espaço. Essa identificação no âmbito social facilita nosso reconhecimento e designa nosso posicionamento na sociedade.[65] Como exemplo disso, temos, na própria Palavra, a designação dos discípulos como *cristãos* (At 11.26), identificando-os no âmbito social — uma mudança de posição perante a sociedade.

Temos ainda nossa identidade cultural, que nos associa a um povo que reúne um conjunto de características "oriundas da interação dos membros [entre si e da interação destes] com

---

64 Paul David Tripp. *Guerra de palavras: o que há de errado com a nossa comunicação. Uma compreensão do plano de Deus para a nossa fala* (São Paulo: Cultura Cristã, 2011), p. 27.
65 Enciclopédia Significados. *Significado de identidade*. Disponível em: http://www.significados.com.br/identidade/. Acesso em: 12 abr. 2016.

o mundo".⁶⁶ Isso nos lembra os "do Caminho" (At 9.2). Essa identidade se estende ainda a uma nação, informação também descrita na carteira de identidade, documento no qual os nascidos no Brasil são considerados brasileiros. Quando nos tornamos cristãos, há uma mudança também nesse aspecto de nossa identidade. Não deixamos de ser brasileiros no aqui e agora, portanto nossa carteira de identidade não muda. Mas já fazemos parte de uma nova pátria, podendo afirmar que estamos sendo repatriados.

Como seres sociais, ainda nos encontramos inseridos na sociedade com sua cultura específica. No entanto, como seres sociais *em Cristo*, pessoas da Aliança, para tornar essa verdade "uma realidade viva e produtiva",⁶⁷ recebemos a incumbência de, enquanto ainda nos encontramos no mundo, conhecer os — e obedecer aos — mandatos espiritual, social e cultural recebidos de nosso Criador, com o propósito de fazer diferença no mundo e na cultura em que vivemos. No entanto, essa mudança na forma de assumirmos os mandatos tem início na mente. Assim, Paulo nos instrui a sermos diferentes e, para isso, "ele não começa [sua abordagem no texto] com nossas ações, mas com nossa vida como pensadores. Não começa pelo exterior, mas pelo interior".⁶⁸ Isso porque o "cristianismo é diametralmente oposto à lógica, ao pensamento do mundo".⁶⁹ É, portanto, impossível simplesmente acrescentar algo ao entendimento de uma pessoa. O foco do pensamento

---

66 Ibidem.
67 Gerard van Groningen. *Criação e consumação* (São Paulo: Cultura Cristã, 2008, v. 3), p. 187.
68 Ray Stedman. *Our riches in Christ: discovering the believer's inheritance in Ephesians* (Grand Rapids, MI: Discovery House Publishers, 1998), p. 237. Tradução livre.
69 Ibidem.

e de nossa lógica deve mudar, de forma significativa, para podermos viver da forma correta no Universo de Deus.

Quando nos identificamos como brasileiros, outros ao nosso redor sabem de onde somos e que língua falamos. Assim também, quando nos identificamos como cristãos, o normal seria que os outros também soubessem de onde somos e que língua falamos. No entanto, essa não tem sido uma verdade consistente. A identidade social e cultural do cristão se encontra como se estivesse firmada sobre areia movediça. Ao tentarmos ser "culturalmente relevantes", temos deixado o *estar em Cristo* em segundo plano[70] e, consequentemente, quando tentamos solucionar problemas e enfrentar situações adversas,[71] temos deixado Deus de fora. Não nos reconhecemos como parte ativa da restauração, nem mesmo da criação. "Em nome de Cristo, devemos nos opor à distorção em todos os lugares [em todas as áreas da vida. A criação nos convoca] para honrarmos os padrões de Deus",[72] não os padrões do mundo. É preciso que nos identifiquemos com a sociedade em Cristo, com a cultura cristã.

A mutabilidade social e cultural da identidade

O mundo percebe que há uma mutabilidade visível em curso na vida em sociedade, causada pela constante luta interna de seus indivíduos.[73] Essa luta interna não precisa nos levar ao desespero, pois foi o próprio Deus que a planejou com o fim de nos redirecionar e nos fazer buscá-lo, mesmo que tateando.

---

70 Horton, op. cit., p. 9.
71 Paul David Tripp. *Instrumentos nas mãos do Redentor: pessoas que precisam ser transformadas ajudando pessoas que precisam de transformação* (São Paulo: Nutra Publicações, 2009), p. 346.
72 Wolters, op. cit., p. 83.
73 Laurenti, op. cit., p. 12-3.

Ele "não está longe de cada um de nós" (At 17.26-27). É essa insatisfação interna que nos leva a um movimento constante, a uma transformação constante, na tentativa de voltar a uma identidade estável. Entre os cristãos, esse fato foi observado por Barcley ao comentar Filipenses 3.12-14 e 4.11-13. Ele afirma que nós, cristãos, como membros uns dos outros (Ef 4.25), *em Cristo*, temos um "descontentamento piedoso".[74] Somos eternamente insatisfeitos para conquistar aquilo para o que também fomos conquistados.[75]

Ao aceitarmos essa luta interna como algo real,[76] nossa permanência conjunta continuará estável se nos firmarmos na paz de Cristo, aquele em quem nos encontramos, como nosso árbitro, em vez de aceitarmos que outros insatisfeitos assumam as rédeas da arbitragem (Cl 2.18-19). Isso porque não são mais eles, nem nós, que reinam, mas Cristo em nós (Gl 2.10). Nossa insatisfação será redirecionada ao lugar certo quando nos ajudarmos mutuamente a encontrar essa paz. A obediência a Cristo será nossa meta. Ajudaremos uns aos outros a nos lembrar de nossos erros, a fim de nos arrepender, encarar o perdão e a reconciliação, por meio dos quais o Espírito de Deus age[77] e estabelece nossa identidade social e cultural. As circunstâncias providenciadas por Deus ajudam a ampliar a insatisfação e nos aproximam ainda mais do Mestre e uns dos outros. Portanto, a mutabilidade faz parte de nossa identidade como seres humanos, como seres sociais.

---

74 William Barcley. *O segredo do contentamento* (São Bernardo do Campo, SP: Nutra Publicações, 2014), p. 76.
75 Ibidem, p. 75-9.
76 Como uma luta que faz parte não somente de nós como indivíduos, mas também daqueles que fazem parte do corpo de Cristo e estão imersos numa sociedade e numa cultura.
77 Timothy S. Lane; Paul David Tripp. *How people change* (Canadá: New Growth Press, 2008), p. 200.

ORIGEM, MEIO E FIM DE NOSSA IDENTIDADE NO TEMPO E NO ESPAÇO

É preciso haver uma origem e um fim definidos para que a identidade do indivíduo possa ser estabelecida. Afinal, nossa identidade não é fixa no tempo: por estarmos inseridos no tempo e no espaço, ela está em constante movimento e se dirige a um alvo.

A necessidade de origem e fim para estabelecer a identidade

Mesmo com todas as descobertas sobre o homem e sua identidade, os estudos realizados pela psicologia ainda carregam em sua *essência* o problema da origem do ser humano[78] e a falta de um resultado que forneça um referencial para a construção dessa identidade. Entende-se que a compreensão da identidade exige um resultado, um alvo, da mesma forma que um engenheiro precisa ter diante de si, ainda que sob a forma de planta ou maquete, o projeto da construção, antes de começá-la. Como esse resultado não existe, de acordo com a psicologia moderna, o mais correto seria abordar a identidade como "processo de identificação, e não enquanto produto".[79] Essa falta de entendimento da origem do homem e a falta de um produto final deixam qualquer definição de identidade em constante insegurança.

O indivíduo pode até se conhecer e ser compreendido ao "conhecer seu meio cultural e sua identidade cultural".[80] No entanto, isso não bastará, frente às grandes dificuldades da

---

78 Laurenti, op. cit., p. 4.
79 Ibidem, p. 7-8.
80 Howard S. Friedman. *Teorias da personalidade: da teoria clássica à pesquisa moderna.* 2. ed. (São Paulo: Prentice Hall, 2004), p. 64.

existência. Laurenti tenta contornar a situação de solidão e desesperança vivida no mundo moderno afirmando que "as transformações ocorridas oferecem novas oportunidades".[81] No entanto, sem a base da criação e sem o alvo da redenção, essas supostas oportunidades só ajudam o indivíduo a continuar por um pouco mais de tempo acima das ondas do mar da incerteza da vida.

Tanto o autor de Gênesis (Gn 1.28a) como o apóstolo Paulo (At 17.25b-28) mostram que nossa identidade tem seu início na criação e tem um propósito, um objetivo. Mesmo assim, muitos cristãos, em vez de admitirem a origem de sua identidade, buscam se reconhecer e ser reconhecidos, buscam se identificar e ser identificados por meio de seu lugar na sociedade, fazendo coisas boas, ou na Queda, tentando reaver a autoestima supostamente perdida. Olhando para a sociedade ou para a Queda com o fim de entender nossa identidade, deparamos com a dura realidade de que estamos pisando na areia movediça da cultura em ebulição, em evolução randômica, ou de que somos pecadores indignos nas mãos de um Deus irado, tentando sobreviver da melhor forma possível. Que somos pecadores, é fato. É fato também que Jesus salva. No entanto, é visível que há algo que tem sido esquecido, especialmente em meio ao individualismo, ao imediatismo, ao evolucionismo e ao hedonismo de nossas dias: nossa origem em Deus, o desenvolvimento de nossa identidade, "crescendo em tudo *para dentro* daquele que é o cabeça, Cristo".[82] Esquecemos também o objetivo mais amplo de nossa identidade, que é podermos chegar *juntos* "à unidade

---

81 Laurenti, op. cit., p. 30.
82 Efésios 4.15 (ênfase minha).

da fé e do pleno conhecimento do Filho de Deus, à perfeita varonilidade, à *medida* da estatura da plenitude de Cristo" (Ef 4.13, ênfase minha). O Cristo, que é "a única vareta de medição plausível e efetiva no universo",[83] é capaz de aferir nossa estatura tanto em relação a cada indivíduo como à igreja na qualidade de um corpo. Algumas perspectivas humanistas da identidade têm colaborado nesse sentido.

O imediatismo, por exemplo, nos remete de volta ao tempo cíclico dos dias da antiguidade, quando os anos eram abordados como *calendários circulares* em que, para estar de bem com a vida, por assim dizer, era preciso "chegar à paz com o Grande Círculo".[84] Essa verdade pregada pelos antigos, contudo, mostrou sua falibilidade por meio da interação de Deus na história, especialmente quando Deus começou a formar um povo com um alvo mais específico. Dessa forma, ficou claro que o tempo não é "um Tempo circular do Eterno Retorno; [mas] se tornou um Tempo linear e irreversível".[85] Assim, a história mostrou ter um começo, um meio e um fim. Se vivermos em um tempo entendido como tendo um eterno retorno, viveremos à custa de eventos passados, geralmente ruins, que provavelmente voltarão a acontecer. Ou tentaremos voltar ao passado com o objetivo de encontrar uma solução viável, ainda que apenas em pensamento, para que o problema em questão seja solucionado. Esse modo de encarar a

---

[83] Ray Stedman. *Our riches in Christ: discovering the believer's inheritance in Ephesians* (Grand Rapids, MI: Discovery House Publishers, 1998), p. 225. Tradução livre.

[84] Thomas Cahill. *The gifts of the Jews: how a tribe of desert nomads changed the way everyone thinks and feels* (New York: Anchor Books, 1999), p. 64. Tradução livre. Entendimento visto no filme Rei Leão. Direção de Rob Minkoff; Roger Allers. *The lion king* (Walt Disney Studios Home Entertainment, EUA, 1994).

[85] Daniel C. Timmer. *Creation, Tabernacle, and Sabbath: the Sabbath frame af Exodus 31:1217; 35:1-3 in exegetical and theological perspective* (Göttingen, Alemanha: Vandenhoeck & Ruprecht, 2009), p. 36. Tradução livre.

vida produz eterna ansiedade. Saber que há uma escatologia, um começo, um meio e um fim da história na qual estamos inseridos nos traz a possibilidade de uma esperança futura, em que o passado faz parte de uma progressão ascendente. O entendimento da escatologia pode ser visto por meio da tipologia, tendo "suas fontes tanto na história quanto na criação".[86] Abordaremos aqui alguns elementos dessa história, para que possamos compreender nossa identidade no tempo em progressão, com um alvo.

Elizabeth Gomes, em seu livro *É a vovó*, comenta que, com frequência, a identidade termina desacoplada dos pais, em um corte da veia histórica e hereditária.[87] O tempo circular proposto para os dias de hoje impõe esse corte, como um bombardeio das pontes, destruindo o que a estabilidade da história em progressão nos oferece para nos conectar tanto com o passado como com o futuro. Esse bombardeio das pontes e a tendência de ver a vida presente como única a ser vivida tiram de nós a base sólida para uma identidade bem definida, trazendo-nos insegurança e, por vezes, desespero. Uma jovem de 29 anos, com dupla nacionalidade — brasileira e americana —, com quem falei, ao ser lembrada das alegrias a nós reservadas no novo céu e na nova terra, ou seja, de nossa esperança em Cristo, fez o seguinte comentário: "Para a nossa geração, tanto o passado como o futuro não fazem parte de nossos pensamentos; nós vivemos somente no presente, para o hoje. Portanto, para nós, a esperança da qual vocês falam não existe".[88] O comentário dessa jovem nos mostra que, para

---

[86] Ibidem, p. 38.
[87] Elizabeth Gomes. ... *É a vovó* (Brasília: Monergismo, 2014).
[88] Essa jovem estava em depressão e não sabia o que fazer para melhorar.

muitos, a vida voltou a se tornar cíclica, como nos tempos antigos, em que o mundo era visto como esse "ciclo sem-fim".[89] Para esses jovens, não existe mais uma identidade. Eles cortaram a própria história e a deixaram sem sonhos.

Criação e redenção como referenciais para estabelecer nossa identidade

Ao entendermos que nossa origem e nosso alvo têm grande relevância para nossa estabilidade, temos de rever a forma de nos identificar em Cristo. Precisamos entender que nossa identidade se encontra inseparavelmente ligada a uma história que tem um começo, um meio e um fim. Portanto, da mesma forma que nossa história tem seu começo na Criação, e não na Queda, devemos começar a explicação tanto da redenção como de nossa identidade em Cristo na Criação, e não nessa Queda.[90] Isso porque nossa verdadeira identidade é encontrada na "coerência interna e na autoaceitação enraizada no Deus que fez a todos nós"[91] e no alvo dessa criação. Nossa identidade tem sua formação *antes* da Queda. Pearcey observa que a meta de Deus para nossa existência "é nos restabelecer ao estado original em que fomos criados, [recuperando] nossa verdadeira identidade, [renovando] a imagem de Deus em nós".[92] No entanto, ao olhar nossa identidade atrelada ao tempo e ao espaço, à imagem e à semelhança do Criador, em uma sociedade em construção, constatamos que ele trabalha em uma história em

---

89 Cahill, op. cit., p. 53.
90 Pearcey, op. cit., p. 66.
91 Keyes, op. cit., p. 29.
92 Pearcey, op. cit., p. 66-7.

progressão e com um alvo em mente. Isso nos leva a crer que devemos ir um pouco mais além de nossa volta ao Jardim.

Acredito que a visão de Powlison se aproxima mais dessa realidade. Ele afirma, em uma de suas aulas de *Dynamics of biblical change* [Dinâmicas da mudança bíblica],[93] que, quando nossa transformação se completar (1Co 15.51-52), nossa nova criação, já em andamento (2Co 5.17), irá muito além do que éramos no evento da criação — entre outros aspectos, porque nós, que, na Criação, podíamos pecar, "seremos semelhantes a ele" (1Jo 3.2), de modo que não poderemos mais pecar, ou seja, não mais estaremos sujeitos a instabilidade, medo e desesperança nesta vida — vida que ainda não havia no Jardim do Éden. Assim, mesmo vivendo em um mundo caído, ainda em guerra, fazemos parte de uma história em curso, seguros da vitória final, seguros da "segunda vinda de Cristo",[94] libertos da presença do pecado. Uma história, portanto, muito mais ampla do que podemos imaginar.

Como cristãos, nossa identidade e a identidade dos que viveram antes de nós se encontram interligadas. Estão enraizadas na História da Redenção, como está escrito: os "que obtiveram bom testemunho por sua fé não obtiveram, contudo, a concretização da promessa, por haver Deus provido coisa superior a nosso respeito, para que eles, sem nós, não fossem aperfeiçoados" (Hb 11.39-40).

A Palavra do Senhor, de Gênesis a Apocalipse, nos mostra que tanto a história da raça humana como a História da Redenção estão em pleno progresso, e que nós temos o privilégio de

---

[93] David Powlison. *David Powlison: notas de aula (outono 2013)* (Glenside: Christian Counseling and Educational Foundation-CCEF, 2013). Curso Dynamics of Biblical Change.
[94] Wolters, op. cit., p. 93-4.

fazer parte delas. Nossa identidade teve início na criação e tem como meta a perfeição em Cristo. No entanto, a) se não reconhecermos nossa origem, se não reservarmos um tempo para entender como éramos e como tudo começou, a glória da Criação, não seremos capazes de compreender a profundidade do abismo a que nossos pecados nos levaram; também não entenderemos a maneira gloriosa pela qual Deus nos leva de volta à dignidade humana perdida e ao privilégio de nos transformar em filhos, indivíduos "considerados dignos do reino de Deus" (2Ts 1.5); b) se não entendermos a forma que Deus entra em ação para trabalhar em nós de forma progressiva, por meio da História da Redenção humana e da redenção de cada indivíduo que recebe o poder de ser filho de Deus, nunca compreenderemos nossa passagem, muitas vezes sofrida, por este mundo e a dimensão da graça de Deus a nosso favor.

Em Cristo, precisamos estar acima da confusão de identidade vista em nossos dias. Precisamos fazer parte dos chamados por Os Guinness de "pessoas impossíveis",[95] para que sejamos úteis nas mãos do Senhor, na construção de sua história. Precisamos de pessoas que encontrem sua identidade em Deus, e não no mar de incertezas da vida. Pessoas que encontram sua força e sua fonte de paz no Senhor. Pessoas fortalecidas, cuja fé se encontra "íntegra e efetiva [para assim] prevalecer acima dos desafios do mundo moderno avançado".[96]

Mas o que fazer exatamente? Por onde começar, se o caos já está instalado?

---

[95] Os Guiness. *Impossible people: Christian courage and the struggle for the soul of civilization* (Illinois: IVP Books, 2016), capa. Tradução livre.
[96] Os Guinness. "How the church engages in a post-Christian culture". Disponível em: YouTube. Disponível em: https://www.youtube.com/watch?v=Yt2frTdtu88, 2 nov. 2012. Tradução livre.

Identidade

O fato de que "nosso conhecimento sobre a natureza humana influencia muitas das decisões mais importantes que tomamos como indivíduos e como sociedade"[97] deveria nos levar a querer compreender melhor nossa identidade como cristãos, ainda mais nesta era, em que um dos problemas provavelmente mais profundos e mais sérios é a falta de uma identidade. É preciso voltar no tempo, compreender a origem do homem, sua queda, sua necessidade de restauração e o alvo para o qual foi criado, além da forma que Deus trabalha na vida dos que nele esperam.

Devemos "analisar a Criação — o padrão de Deus",[98] a fim de voltarmos a ser luz neste mundo em trevas. Como cristãos, sabemos de nossa história e de nossa redenção. No entanto, ter ciência desse fato não é o mesmo que compreender com a mente e o coração o objetivo de Deus para nossas vidas e a paz que encontramos nele, ainda que estejamos imersos em tribulações.

Assim, por mais que a sociedade moderna tente construir a identidade de seus membros, essas tentativas são incompletas, pela falta de um referencial absoluto — elemento estritamente necessário para nossa identificação. Há ainda uma necessidade básica de coesão interna na identidade pessoal, sem a qual enfrentaremos toda sorte de distúrbios. Desse modo, a semelhança absoluta de que necessitamos e a coesão interna de cada indivíduo somente se tornam possíveis quando nossa identidade toma como referencial Cristo, o Criador.

---

[97] Howard S. Friedman. *Teorias da personalidade: da teoria clássica à pesquisa moderna*. 2. ed. (São Paulo: Prentice Hall, 2004), p. 517.
[98] Kassian, op. cit., p. 19.

Portanto, a identificação de um indivíduo, para ser corretamente abordada, não pode se apoiar na Queda. É necessário nos movermos para antes desta, pois a identidade é encontrada naquele que nos deu forma. Isso implica uma redefinição no cerne de nossa identidade pós-Queda, um *novo nascimento* (Jo 3.3,7).

2
Nossa identidade em Adão

Antes de abordarmos o novo nascimento, vamos refletir sobre a nossa identidade em Adão, em quem fomos feitos seres temporais, dependentes e sociais, criados "por Deus de modo analógico, [...] segundo a imagem de Deus",[1] para, entre outras coisas, compreender nosso mundo por meio de analogias significativas e viver perseguindo um alvo. Em Adão, fomos criados com uma missão dada pelo Criador. Em nossa condição de criaturas antes da Queda, nossa missão era, entre outras, refletir a imagem de Deus com a qual fomos formados e guardar o Jardim do Éden (Gn 2.15). Com a Queda, essa missão tomou outro rumo. Após a Queda, o homem estabeleceu sua própria missão: cuidar do mundo sob sua perspectiva e, ao lado disso, proteger o próprio eu da culpa e da condenação que o pecado lhe trouxe. Ele começou a refletir "a imagem da Serpente",[2] e não mais a do Criador. Faz-se necessário, portanto, analisar essas duas etapas de nossa identidade em Adão: antes e depois da Queda.

CRIADOS NO TEMPO E NO ESPAÇO

Em geral, as pessoas se identificam, entre outras coisas, por sua naturalidade ou profissão, mas o lugar de sua habitação

---
1 Wadislau Martins Gomes. *Aconselhamento redentivo* (São Paulo: Cultura Cristã, 2004), p. 17.
2 Tripp, op. cit., 2011, p. 31.

é "o lugar no qual conhecemos seus gostos e suas preferências (...). A habitação é o lugar no qual depositamos a nossa fé".³ Portanto, "o lugar de habitação de uma pessoa é elemento importante para a avaliação de sua própria identidade".⁴ No caso dos seres humanos, nossa habitação é o planeta Terra.

Criação

Nossa identidade na criação, que aqui chamaremos de *identidade em Adão*, é descrita tanto no Antigo como no Novo Testamento. Entre os textos que abordam essa questão de forma mais direta, estão Gênesis 1 e 2, Salmos 8.4-6 e Atos 17.26-27. O texto de Gênesis 1 e 2 mostra que fomos feitos à imagem e à semelhança do Criador. Salmos 8 nos fala que fomos criados e coroados de glória e honra. Ressalto aqui o trecho em Atos no qual o apóstolo Paulo, ao falar do Deus de Abraão, Isaque e Jacó, nos lembra da identidade de Deus e de nossa identidade nele:

> O Deus que fez o mundo e tudo o que nele existe, sendo ele Senhor do céu e da terra, não habita em santuários feitos por mãos humanas. Nem é servido por mãos humanas, como se de alguma coisa precisasse; pois ele mesmo é quem a todos dá vida, respiração e tudo mais; de um só fez toda a raça humana para habitar sobre toda a face da terra, havendo fixado os tempos previamente estabelecidos e os limites da sua habitação; para buscarem a Deus se, porventura, tateando, o possam achar, bem que não está longe de cada um de nós; pois nele vivemos, e nos movemos, e

---

3 Ibidem.
4 Gomes, op. cit., p. 109.

existimos, como alguns dos vossos poetas têm dito: Porque dele também somos geração (At 17.24-28).

Ao ler essa passagem de Atos 17, percebemos que nossa formação foi no tempo e no espaço, e que fomos colocados em uma comunidade com um propósito. No entanto, ao observarmos nosso design (que vem antes da nossa formação), vemos em outras passagens das Escrituras que esse "design [é] atemporal".[5] Fomos formados no tempo, mas projetados antes da fundação do mundo, antes mesmo da criação do tempo, por um arquiteto (Pv 8.27-31) que não somente formou os céus, o mundo e o ser humano com sua identidade e seu alvo, mas também o tempo e o espaço em que uma história se desenvolveria. Portanto, com o propósito de encontrar a coerência interna de que nossa identidade necessita para viver neste mundo, é preciso ir além "das convenções sociais"[6] e de suas ideias sobre nossa identidade. Devemos seguir "as instruções do fabricante, [sabendo que] o projetista é (...) quem mais conhece a sua criação"[7] e, portanto, é capaz de nos prover com a tão almejada coerência interna.

Somos dependentes, limitados e estamos em constante desenvolvimento

Deus nos fez como seres dependentes, nos aspectos físicos, emocionais e espirituais, além de todo o resto. A realidade de que fomos criados como almas viventes, por meio do fôlego da vida dado a nós pelo próprio Criador, e colocados no Jardim para dele tirar nosso sustento (Gn 2.78), é prova

---
5 Kassian, op. cit., p. 16.
6 Ibidem, p.18.
7 Ibidem.

de que somos seres dependentes. Paulo registra isso em seu sermão (At 17.24-28). Recebemos de Deus a capacidade de respirar, o ato em si da respiração e o ar que respiramos. Dele, também recebemos o produto da terra da qual tiramos nosso sustento (Gn 1.28) e a orientação de Deus para seu cuidado (Gn 2.19). Até mesmo nossa própria identidade nos é conferida pelo Criador, e a nós é explicada.[8] Nossa dependência é completa.

Fomos feitos geração de Deus, segundo Paulo, com o fim de habitar sobre a terra (*espaço*) para viver e habitar em *tempos e limites de espaço previamente estabelecidos*, tudo com o propósito de buscar Deus nesse espaço no qual nos movemos e existimos (At 17.28). Como geração de Deus, criados no tempo e no espaço, desde a nossa criação éramos e até hoje somos pessoas em progresso, presas a uma história em progressão, movendo-nos dentro de uma história que se compõe de um começo, um meio e um fim, rumo ao alvo de encher a terra [*espaço*] para, ao *longo do tempo*, sujeitá-la (Gn 1.28), cultivá-la e guardá-la (Gn 2.15). Tudo isso sob a orientação daquele em quem nos movemos e existimos. Somos "construtores artesãos",[9] feitos à imagem de Deus, colocados na terra com um mandato: dar continuidade ao "desenvolvimento da criação",[10] desenvolvimento que "começa num jardim e termina numa cidade [gloriosa]".[11] Fomos criados sob uma aliança, um pacto, feito com Adão, o pacto das obras expresso por um mandamento (Gn 2.16b-17). Foi a quebra dessa aliança

---

8 Tripp, op. cit., p. 17, 26-7.
9 Wolters, op. cit., p.52.
10 Ibidem, p. 53.
11 Ibidem, p. 59.

que resultou na expulsão do homem do lugar no qual fora colocado para guardar.

Somos seres dependentes de um tempo em progressão e com um ritmo

Não podemos compreender o tempo simplesmente como algo que podemos usufruir ao nosso bel-prazer. O Criador teve um propósito em mente ao formar o tempo e preestabelecer seu ritmo. Um dos propósitos desse ritmo e do dia *a mais*, que é o sábado, é apresentado em Isaías 58.13. O Senhor afirma que ele formou um dia entre sete para que nos deleitássemos neste "santo dia do Senhor, digno de honra" (Is 58.13). Essa última criação de Deus mostra que, inicialmente, ele não criou Adão para que se exaurisse em atividades constantes e ininterruptas. O Senhor formou o tempo ao som da música (Jó 38.7). Assim como uma música é feita com pausas, às vezes simplesmente para respirar, também o trabalho dado para a ocupação do tempo tem seu ritmo — um "ritmo de trabalho e descanso baseado num ciclo de sete dias",[12] preestabelecido e feito análogo pelo próprio Criador do tempo ao formar (para sua analogia) a noite para o descanso e o dia para o trabalho.

Esse ritmo foi abençoado por Deus para que sua criação, por meio dos dias de descanso, pudesse "se concentrar continuamente na maravilhosa meta que ele determinou para seu povo e para o cosmos como um todo".[13] O tempo, com seu ritmo, e o alvo de nossa vida estão, portanto, profundamente

---

12 Rowland S. Ward. *The goal of Creation; the significance of the Lord's day and its connection with God's rest* (Melbourne, Austrália: Presbyterian Church of Eastern Australia, 1994), p. 3. Tradução livre.
13 Groningen, op. cit., p. 59.

interligados e têm grande importância no estabelecimento de nossa identidade como seres humanos, feitos para proclamar a glória de Deus no dia a dia e para desfrutar o descanso em Deus do qual são relembrados no mínimo uma vez por semana. Deus não nos criou para sermos ativistas e mostrarmos serviço; nem para trabalharmos em seu dia santo. De forma análoga, ele nos criou para que aprendêssemos a trabalhar em seu descanso. O ritmo implantado pelo Criador da História nos propõe um descanso ordenado. Portanto, como seres limitados que somos, o dia de descanso é parte de nossa sobrevivência, até mesmo antes da Queda.

Além da importância do ritmo acoplado ao tempo, também devemos lembrar que a "dimensão *tempo* [é] cada vez mais considerada fator fundamental"[14] até mesmo entre os descrentes. É algo tido como fundamental para a compreensão tanto da personalidade como de nossa identidade, pois "os seres humanos não são um conjunto fixo de atributos",[15] e, portanto, ao abordar a questão da identidade, é preciso realizar "estudos longitudinais"[16] que envolvam o tempo. O próprio conceito da sociologia já evoluiu e se adaptou, mudando sua "concepção clássica de socialização finita no tempo [para] uma noção de socialização como processo permanente".[17] Portanto, o tempo no qual vivemos não é cíclico, nem estático, mas dinâmico e progressivo.

---

14 Friedman, op. cit., p. 355.
15 Ibidem.
16 Ibidem.
17 Infopédia.

Somos seres feitos para ocupar um espaço com um propósito

O espaço — e não só o tempo — também é importante para o entendimento de nossa identidade, pois fomos criados para viver e depender da terra da qual fomos feitos. É no espaço terra que Deus nos deu limites para nossa habitação (At 17.26).

Como seres humanos criados no tempo e no espaço, fomos (segundo o critério de tempo) as *últimas* criaturas a serem formadas no *espaço* criado pelo Senhor Criador do Universo. Ele nos revelou, por meio desse ato, sua hospitalidade, ao preparar de antemão, em *seu* mundo, um "quarto de hóspede"[18] para *sua* criação especial (Sl 8.5). Ele fez isso para que o homem desfrutasse "sua própria bem-aventurança"[19] e tomasse conta da criação (Sl 8.6-8), para sua glória.

O hóspede, o homem, que fora feito no campo, foi, então, transportado para o Jardim do Éden, *espaço* privilegiado, lugar de adoração, "templo no qual ele adorava a Deus",[20] em ritmo de trabalho e descanso. Adorando o seu Criador com as obras de suas mãos, mas recebendo do próprio Criador um tempo a mais para seu descanso e deleite. Esse fato é importante, pois há uma mentalidade que insiste em "dividir o mundo entre sagrado e profano".[21] É preciso lembrar que o homem foi feito não somente para servir ao Senhor todos os dias de sua vida, mas também "para sermos ajudadores de Deus na execução do projeto da sua obra-prima".[22] O mundo é do Senhor, não nosso.

---

18 Johannes Brenz apud John L. Thompson. *Comentário bíblico da Reforma: Gênesis 1-11* (São Paulo: Cultura Cristã, 2015), p. 101.
19 Ibidem.
20 JFB, comentando Gênesis 2.15. Tradução livre.
21 Wolters, op. cit., p. 88.
22 Ibidem, p. 55.

O homem recebeu a incumbência de, além de trabalhar no projeto, tomar conta do Éden (Gn 1—2), sob a supervisão do Criador. Esse era o lugar no qual permanecer vivo dependeria de sua obediência (Gn 2.17) ao Criador, o Doador da vida. Johannes Brenz observa que era praticamente inevitável amar e admirar o Criador, além de obedecer a ele. Afinal, Adão deve ter reconhecido de imediato o poder, a bondade, a majestade e a sabedoria de Deus ao ver, quando colocado no Jardim, seu alojamento abastecido, como uma hospedaria, pronto para recebê-lo.[23] É interessante lembrar que Adão, por ter sido formado fora do Jardim, teve o privilégio de fazer uma comparação entre os dois ambientes [lugares], fora e dentro do Jardim.[24]

Homem e mulher no tempo e no espaço e seus limites
Observamos que, desde a Criação, os limites do espaço em relação ao homem foram bem demarcados. No entanto, esses limites mudam conforme a progressão do tempo, dos propósitos de Deus e das ações do homem. Assim, para que o homem tivesse o privilégio de usufruir a paz e o aconchego dentro dos limites do jardim criado por Deus e tivesse o

---

23 Thompson, op. cit., p. 101.
24 Refletindo sobre a criação dos seres humanos, homem e mulher (Gn 1.27), percebemos que, com respeito ao tempo e ao espaço, eles foram criados em duas etapas, em dois tempos distintos e dois lugares diferentes. O homem foi o primeiro a ser formado e, como já vimos, formado fora do Jardim, de onde um dia tiraria seu sustento. Após ter sido formado, o Senhor tomou o homem "e o colocou no jardim" para o cultivar e guardar (Gn 2.15). A mulher, por sua vez, foi formada depois (Gn 2.18-21) e já "dentro dos contornos do jardim". Esse fato também é importante porque a formação de Eva no Jardim mostra a providência divina sobre a importância do lar (Pv 31.27), onde a mulher estaria pela maior parte do tempo para sua administração. Menciono esse fato aqui de passagem para lembrar a importância do lar como um oásis no mundo caótico dos dias de hoje. Fato que deveria receber maior atenção, especialmente nos tempos em que suas bases estão sendo destruídas. Outro estudo seria necessário para falar sobre a identidade da mulher em Cristo.

privilégio de permanecer vivo na presença do Criador, os limites também deveriam ser respeitados *dentro* do Jardim (Gn 2.17).[25]

Então, vemos o homem como um ser criado no tempo e no espaço, com limites bem definidos: limites de espaço, a terra que ele *habitaria* e da qual deveria cuidar (Gn 2.7, 18-19; At 17.26), os limites dentro desse espaço, os quais deveriam ser observados, e os limites de tempo, definidos por um ritmo de trabalho e descanso estipulado pelo Criador (Êx 20.8-11).

Em Adão, antes da Queda, nosso espaço físico e espiritual era o mesmo, pois não havia morte nem separação; somente vida. Com a Queda, ao expulsar o homem do Jardim e lançá-lo fora (Gn 3.23), Deus mudou o espaço físico do ser humano, colocando-o de volta no campo. E, morto por causa do pecado, o homem foi banido de seu espaço espiritual, da presença de Deus, onde se encontrava em comunhão com o Criador.

Queda

O impacto da Queda na identidade da raça humana criada em Adão está estampado no Antigo e no Novo Testamento. A Queda e suas consequências nos são lembradas continuamente pelos autores bíblicos. Em várias de suas cartas, o apóstolo Paulo não nos deixa esquecer de quem éramos *antes* de nos tornarmos crentes em Cristo (Tt 3.3; Ef 2.2-3; 1Co 6.9-11; Rm 6.17, entre outras passagens).

Como seres humanos, após a Queda, continuamos inseridos e dependentes, fisicamente, do tempo e do espaço,

---

[25] Não entraremos em discussão aqui sobre a possibilidade de o homem ir além dos limites do Jardim, se ele podia sair do Jardim e nele entrar livremente, nem se ele o fazia. Aqui isso não é relevante.

assim como do ar e dos alimentos, para nossa sobrevivência. O tempo criado por Deus ainda preserva sua organização e seus limites. A noite e o dia ainda existem, pois Deus fez uma aliança com eles (Jr 33.20,25). E, diferente da aliança/do pacto feito com Adão, essa aliança não foi quebrada, mesmo após a Queda. Deus também preservou o ritmo do tempo, composto de trabalho e descanso, e reiterado no quarto mandamento (Êx 20.9-11). Até os nossos dias, Deus ainda preserva esse ritmo, por meio de um calendário composto de sete dias: seis de trabalho e um de descanso. E, ainda que muitos não mais observem esse ritmo, a semana nunca deixou de existir, e vem sendo preservada ao longo dos séculos, por causa do homem.[26] Percebemos que "violar ou alterar a semana (...) é desafiar as leis da criação",[27] o que pode trazer prejuízo, da mesma forma que ocorre quando desafiamos a ordem de reservar um tempo diariamente, em geral à noite, para descansar.[28]

Como seres criados para viver no tempo e no espaço, deparamos com o fim abrupto de nossa existência neles, fim causado pela morte, da qual fomos advertidos antes da Queda e recebemos a confirmação após (Gn 2.17; 3.19). O espaço terra e o tempo não deixam de existir depois de nossa morte, mas nosso tempo aqui neste mundo se encerra, e nosso corpo, espaço no qual vivemos, deixa de estar disponível a nós quando morremos. Nesse contexto, como seres criados para viver,

---

[26] Marcos 2.27: "O sábado [um dia de descanso entre sete] foi estabelecido por causa do homem".
[27] Groningen, op. cit., p. 58.
[28] Gláucia Chaves. "O perigo de não dormir", *Correio Braziliense: Revista*. Disponível em: http://www.correiobraziliense.com.br/app/noticia/revista/2012/07/29/interna_revista_correio,312671/o-perigo-de-nao-dormir.shtml, 2012.

somos invadidos pela ansiedade, que domina nosso dia a dia na luta por sobrevivência, para não perdermos o espaço que ainda nos resta, nosso corpo, único bem que é realmente nosso.

Apesar de Deus não tirar de nós o privilégio de viver no tempo, com seus limites e seu ritmo ainda preservados, os limites de nossa habitação neste mundo foram alterados. Adão não perdeu o privilégio de ser responsável por tomar conta da terra, mas foi mudado de lugar e impedido de trabalhar na presença santa de seu Criador (Gn 3.24). O Senhor lançou o homem para "fora do Jardim do Éden, a fim de lavrar a terra de que fora tomado" (Gn 3.23). Assim, Adão voltou ao lugar de origem, de onde fora formado do pó, antes de ser colocado no Jardim. Deus "nos recolocou" no lugar do qual fomos formados, dificultou nossa vida (Gn 3.17-19) e não nos deu mais todos os privilégios do Paraíso. Não retirou de nós a habilidade de tomar conta da terra; ainda somos artesãos a serviço do Criador (Gn 4.22). No entanto, agora ele nos dá uma terra repleta de ervas daninhas e problemas a serem solucionados. A hospitalidade de Deus permaneceu, mas não mais com todas as regalias.

Adão, como ser responsável diante do Criador, havia sido colocado no Éden, "Jardim de Deus" (Ez 28.13), o "templo no qual adorava a Deus e no qual se encontrava, diariamente, encarregado de oferecer sacrifícios de ações de graças e louvor".[29] Ali, ele foi provado pelo Criador, que o testou para que fosse mordomo, com o fim de cuidar e desenvolver sua Criação. No entanto, por sua desobediência, Adão foi retirado do Jardim. Essa mudança foi obrigatória, e a volta ao Jardim nos

---

29 JFB comentando Gênesis 2.15. Tradução livre.

foi barrada por querubins (Gn 3.24). Diz Johannes Brenz, ao comentar esse texto, que tal decisão fora tomada pelo Deus trino (Gn 3.22). Não foi, porém, uma decisão leviana, mas, sim, uma decisão confiável.[30] Brenz ainda assinala que o homem, após a Queda, não pode mais desfrutar os "prazeres do Paraíso" enquanto permanecer deste lado da eternidade, e que, por mais que tente voltar a esses prazeres, isso lhe é negado.[31] Essa situação, assim, nos leva, se não entendermos nossa identidade após a Queda, a uma ansiedade incurável, provocada pelo desejo de voltar à perfeição para a qual fomos formados, mas da qual fomos destituídos.

O impacto da Queda também se faz sentir no tempo e afetou nossa identidade em Adão. Percebemos no presente que nosso *tempo* e seu ritmo nos têm sido, praticamente, arrancados de baixo de nossos pés. Pois, embora o dia e a noite ainda existam, a noite não é mais usada com o propósito original de descanso. Nosso desejo por um retorno ao conforto do Jardim nos conduz, com frequência, a trabalhar excessiva e ininterruptamente. O ritmo, por causa do pecado, portanto, vem sendo quebrado por completo. A tentativa de voltar ao lugar e retomar as regalias encontradas em nosso primeiro espaço nos tem levado a destruir também esse ritmo.

Até mesmo o espaço está perdendo todos os seus limites. Um pequeno exemplo disso é que deixamos que outras pessoas invadam nosso espaço, especialmente no uso das redes sociais e de outras formas eletrônicas de comunicação.

---

30 Thompson, op. cit., p. 230.
31 Ibidem, p. 233.

CRIADOS À IMAGEM DE DEUS

Criação

A palavra hebraica para "imagem", *tselem*, é usada em várias situações no texto bíblico do Antigo Testamento. Em todas, porém, o conceito de reflexo e semelhança se faz presente. O mesmo pode ser dito da palavra grega *eikon*, *imagem*, que é usada no Novo Testamento com idêntica conotação.

O conceito bíblico de que o homem, em Adão, foi criado à imagem e à semelhança de Deus tem sido alvo de muita controvérsia. Aqui, é usada a expressão simplesmente para dizer que Adão foi criado com características que refletem o ser de Deus, ainda que de forma limitada. Entre essas características, destaco que o homem, em Adão, foi criado à imagem de Deus como um ser moral e social, o que vai além dos aspectos de justiça, retidão, santidade, consciência e arbítrio. Entender o homem como um ser social, em especial em tempos nos quais o individualismo é exaltado, é fundamental para o estabelecimento de nossa identidade em Cristo e para a renovação de nossa mente.

A afirmação "disse Deus: Façamos o homem à nossa imagem, conforme a nossa semelhança" e a explicação seguinte de que Deus o criou "à sua imagem" como "homem e mulher" (Gn 1.27) são, para os cristãos que creem na inerrância das Escrituras, fatos incontestáveis. Cada pessoa da raça humana foi feita à imagem e à semelhança de Deus. No entanto, ao lermos "à imagem de Deus o criou; homem e mulher os criou", concluímos que nossa identidade e nossa semelhança com o Criador só serão completas se compartilhadas com outros seres humanos. Assim, cada um tem sua identidade individual, mas nunca de forma independente das outras pessoas. Há uma coletividade refletida nessa imagem.

Feito à imagem e à semelhança de Deus (Gn 1.26, 27) em sua individualidade, o homem, como ser moral, foi criado, entre outras coisas, com inteligência e capacidade de obedecer conscientemente (Gn 1.28-30 e 2.15-17) àquele que o criou. Também foi dotado do dom da linguagem, com o fim de dar não somente expressão "à sua razão/ao seu raciocínio, mas também à sua imaginação (Gn 2.19)".[32] Esse dom ainda o torna capaz de interagir com Deus e assumir uma postura como ser moral responsável diante de Deus, além de usar sua criatividade, proveniente da imaginação, para agir de forma diferenciada no mundo físico.

A linguagem e a imaginação são alguns exemplos de que o homem, desde a sua criação, "é um cidadão de dois mundos",[33] o físico e o espiritual. Como ser moral, o homem foi divinamente colocado por Deus sobre a criação, com a capacidade de usar "mente e espírito",[34] a fim de interagir com a riqueza terrena e com o Criador para, aos pés deste, "criar no mundo físico",[35] no tempo e no espaço, usando o material oferecido magnanimamente pelo Criador e assumindo, de forma ativa, sua posição na história. A habilidade da imaginação e a criatividade, partes ativas da imagem de Deus, nos trouxeram ao lugar no qual nos encontramos hoje.

Essa imaginação e essa criatividade nos remetem ao mundo das ideias e da utopia ou ao mundo real. Levam-nos

---

32 E. M. Blaiklock. *Today's Handbook of Bible Characters* (Minneapolis, Minnesota: Bethany House Publishers, 1979), p. 9.
33 Ibidem. Tradução livre.
34 Ibidem. Tradução livre.
35 Ibidem. Tradução livre.

ao desespero ou ao encontro da paz; a um mundo em caos ou à realidade infinitamente maior na qual nos encontramos. Sabemos que precisamos dessa imaginação para pensar nas coisas lá do alto e para encontrar a paz perfeita, na qual o Criador nos guarda.[36]

Adão, como um ser moral feito à imagem de Deus, com consciência e capacidade de agir de forma moral, com imaginação e criatividade, recebeu um mandamento ao qual deveria obedecer. Ele seria responsabilizado por quebrá-lo, pois recebera as condições necessárias à sua obediência. Assim também nós, criados à imagem de Deus como seres morais, recebemos esse mandamento, como vemos, por exemplo, em "sede santos porque Eu sou santo" (1Pe 1.16). E, por sermos criados por Deus com a habilidade de assumir responsabilidades, ele tem o direito de estabelecer parâmetros e de nos responsabilizar, inclusive quanto aos deveres de que nos dominemos (Gn 4.7) e que amemos o próximo (Jo 13.34).

Por sermos criados à imagem de Deus como criaturas morais, a paz pela qual ansiamos, decorrente da coerência interna, só pode existir a partir de uma avaliação de nós mesmos. Nosso caráter moral exige isso. No entanto, por sermos criaturas dependentes e limitadas, essa avaliação deve ser feita com o uso de um referencial externo, ou seja, o próprio Deus, que nos conferiu a sua imagem. Essa busca pela coerência interna atrelada a um referencial externo nos é inerente e pode ser inconsciente, mostrando-se evidente quando tentamos nos identificar à luz de terceiros. Testes feitos por psicólogos para a avaliação de um indivíduo demonstram isso.

---

36 Joanna Weaver. *Having a Mary heart in a Martha world: finding intimacy with God in the busyness of life* (Colorado Springs: WaterBrook Press, 2010), p. 44.

Observa-se que há uma tendência de o indivíduo, quando avaliado, comunicar uma imagem favorável de si mesmo a quem aplica o teste, fazendo de tudo para agradar,[37] com o fim de ser aceito ou ser bem-visto.

Esse exemplo mostra nossa dependência de terceiros e nosso desejo de que alguém confirme nossa identidade e aceite quem e como somos, para, assim, confirmar nossa coerência interna. No entanto, essa identificação baseada em terceiros falhos traz consigo ansiedade, pois, como eles são humanos moralmente caídos e falíveis como nós, serão incapazes de servir de referencial para a definição de nossa identidade. Nesse contexto, tais referenciais mutáveis e inconsistentes nos levam, muitas vezes, ao desespero quando falham, razão pela qual nossa busca incessante por algo que nos mantenha seguros é — e só pode ser — direcionada a Deus, por sermos suas "criaturas, que carregamos a sua imagem."[38] Imagem essa que é absolutamente estável, sem apresentar "variação ou sombra de mudança" (Tg 1.17).

O fato de procurarmos nossa coerência interna a partir de terceiros mostra ainda que somos, além de seres individuais, também sociais. E isso desde a Criação, pois Deus nos fez homem e mulher[39] para que vivamos juntos, na dependência do Senhor, em uma unidade que se assemelha ao Deus Trino que é um (Jo 17.11).

Como seres individuais e morais, somos responsáveis por nossos atos frente ao nosso Criador. Esse fato, porém, não pode ser desvencilhado de nossa identidade como seres

---

[37] Friedman, op. cit., p. 63.
[38] Paul David Tripp. *Abrigo no temporal* (São Paulo: Cultura Cristã, 2015), p. 32.
[39] Gênesis 1.26-28. Kassian, op. cit., p. 28-31.

sociais, assim como a verdade de nossa identidade como seres sociais não remove nossa individualidade, com suas consequentes responsabilidades, acrescentando-a, na verdade, à nossa sociabilidade e à mutualidade em tudo. A verdade de nossa individualidade já é percebida na Criação, quando Deus nos formou individualmente e de maneira diferenciada — o homem "do pó da terra" (Gn 2.7) e a mulher da costela do homem (Gn 2.18-21); com características individuais — o homem como líder e responsável primário (Gn 3.9), e a mulher como auxiliadora idônea (2.18), ambos feitos com uma distinção relevante também na *hora* e no *local* de sua formação, com suas respectivas analogias. A verdade de nos constituirmos em seres sociais é demonstrada pela comunhão que o primeiro casal desfrutava, bem como pelo pecado e pela vergonha mútuos.[40]

O mundo já se deu conta de que o homem, além de consistir em um ser individual, é um ser social colocado no tempo e no espaço. Também já reconheceu que não é possível isolar as pessoas e seus problemas da sociedade, nem mesmo da progressividade do tempo.[41] Também já se entende que o homem não é somente um ser individual impulsionado por alguns motivos irracionais e inconscientes, mas também por sua interação com a sociedade e pelos conflitos sociais que enfrenta.[42] Deus nos fez para a comunhão de uns com os outros e com ele mesmo. Fomos criados à imagem e à semelhança de Deus, "por meio dele e para ele" (Cl 1.16), a fim de, juntos, refletirmos sua imagem na progressividade do tempo.

---

40 Blaiklock, 1979, p. 11. Tradução livre.
41 Laurenti, op. cit., p. 23-4.
42 Friedman, op. cit., p. 130-1.

Ainda como seres humanos criados à sua imagem, Deus nos fez a todos, "tanto o observador como o observado".[43] Somos capazes de pensar sobre nós mesmos e provar nossas próprias experiências e falar com nós mesmos, como fez o salmista ao perguntar: "Por que estás abatida, ó minha alma" (Sl 42.11), ou como o Pregador, que admoestou a si mesmo.[44] Essa capacidade de passarmos por experiências e conversarmos com nós mesmos é importante, porque "nossa experiência diária demanda que estabeleçamos certa similaridade própria".[45] Nossa capacidade de auto-observação decorre da imagem de Deus em nós, que nos torna seres morais.

Neste livro, abordo o uso dessa capacidade para avaliação própria, a fim de verificar se aquilo em que cremos é o que realmente praticamos, com vistas a um equilíbrio saudável entre o crer (fato) e o ser (fato em ação). Essa avaliação torna possível também o despir do velho homem e o revestir do novo, por meio do entendimento do novo nascimento na prática. Assim como, ao fim de cada dia, Deus avaliou a sua obra (Gn 1.12,18,31), também nós temos a capacidade de, como novas criaturas, avaliar nossas atitudes e ações periodicamente.

Destaco também que nossa identidade como pessoa permanece inalterada ao longo da vida. Apesar dos múltiplos papéis que desempenhamos em sociedade, somos a mesma pessoa. Feitos à imagem de Deus e vivendo em uma comunidade de pessoas diferenciadas em tempos distintos. Constatamos ainda que, conforme o lugar em que nos

---

43 Keyes, op. cit., p. 8. Tradução livre.
44 Ou "disse a mim mesmo" (Ec 2.15).
45 Keys, op. cit., p. 9. Tradução livre.

encontramos e a pessoa com quem estamos lidando em um momento definido da história e do dia, assumimos papéis e imagens diferentes (filho(a), pai(mãe), tio(a), médico(a) etc.). No entanto, ao final, mesmo assumindo papéis e imagens diferentes, em tempos e lugares distintos, por vivermos no tempo em progresso, vemos que a pessoa pode referir-se a si mesma sempre como a mesma pessoa.

Assim, você, que antes tinha três anos, depois cinquenta e até mesmo oitenta anos, ainda é "de alguma forma a mesma pessoa",[46] um ser único criado à imagem de Deus. Esse fato é importante para o estabelecimento e a fixação de nossa identidade como seres morais criados à imagem de Deus, sempre em busca de coerência interna a partir de referenciais externos, em uma sociedade em permanente mutação.

Queda

Sabemos que, como Adão, fomos feitos à imagem de Deus, seres morais e sociais, sempre necessitados de um referencial para alcançar coerência interna. Esse referencial deveria ser nosso Criador. Nele, encontraríamos o ponto de definição de nossa identidade.

No entanto, com a queda de Adão, a imagem de Deus em nós foi profundamente afetada, embora não totalmente erradicada, verdade que tem sua base em Tiago, que se refere ao homem, mesmo caído e não mais *refletindo* perfeitamente a imagem de Deus, como ainda sendo à semelhança deste (Tg 3.9). Portanto, mesmo caído, o homem não perdeu sua identidade e dignidade como ser humano. Mas, agora em Adão,

---

[46] Ibidem. Tradução livre.

após o pecado, perdemos o *direito à justiça*, por ser ele nosso representante[47] legal diante do Criador.

Todavia, ainda somos seres sociais e morais que precisam administrar a terra, embora, agora, vivamos fora do Jardim, com muita dificuldade. Em vez de refletirmos a imagem de Deus, encontramo-nos absortos em tentar sermos iguais a Deus, de modo a voltar, por nossos próprios esforços, de alguma forma, ao lugar de nossa habitação, o lugar estabelecido por Deus: o Paraíso.[48] A fim de nos sentirmos justos e com direito ao Paraíso, culpamos e nos devoramos uns aos outros (Gl 5.15) e, não poucas vezes, nos condenamos mutuamente por acreditar que não nos encontramos no Paraíso porque *o outro* não está refletindo a imagem que julgamos que deveria refletir. Mudamos "a glória do Deus incorruptível em semelhança da imagem de homem corruptível" (Rm 1.23). Fazemos isso, por exemplo, quando acreditamos que o *outro* deveria ser igual a Deus, sem pecado, imaculado, esquecendo-nos de que, após a Queda, em Adão, todo homem passou a ser imagem e semelhança de homem caído (Gn 5.1-3).

A perfeição da imagem de Deus com que ele nos criou e que deveria ser refletida *em* nós e *por* nós foi totalmente perdida. No entanto, o homem, ao se dar conta de sua condição de imperfeição, vem tentando encontrar a perfeição por outros meios, até mesmo por ajustes da química cerebral, com o uso de medicamentos para atingir comportamentos modelados.[49] Assim, como seres análogos que tentam ser imitadores de algo ou alguém, fazemos de tudo para refletir uma imagem

---

47 Luder Whitlock Jr. *Bíblia de estudo de Genebra* (São Paulo: Cultura Cristã/SBB, 2009), p. 1482.
48 Thompson, op. cit., p. 233.
49 Friedman, op. cit., p. 517.

que acreditamos ser a da perfeita varonilidade, a imagem do homem perfeito. No entanto, não entendemos que, como seres caídos, estamos impossibilitados de chegar à varonilidade perfeita, a qual se encontra no refletir a imagem de Deus.

Jesus, o homem perfeito, mostra essa nossa dependência de seguir *modelos* ao declarar aos escribas e fariseus que eles eram incapazes de ouvir sua palavra, pois estavam tentando refletir a imagem do pai deles, o diabo, de quem queriam satisfazer os desejos (Jo 8.43-44). Assim, estamos sempre tentando refletir a imagem de alguém. Mais adiante neste livro, tentaremos ver, de forma prática, como o Criador nos ajuda a refletir, novamente, sua imagem.

Minha intenção aqui é mostrar que a Queda afetou particularmente aquela característica da imagem de Deus em nós, que é a capacidade moral baseada no referencial divino. Na Criação, como fomos feitos à imagem e à semelhança de Deus, nossa moralidade se baseava no Criador e em sua vontade. Após a Queda, continuamos como seres morais em busca de referencial, só que agora não mais em Deus. O homem se tornou seu próprio deus. Portanto, o propósito para o qual fomos criados, e que define nossa identidade como seres humanos ativos e morais, foi redirecionado pelo próprio homem.

De forma irônica, o ser humano está tentando imitar o *ser Deus* até no amor à sua criação, a ponto de, em breve, tentar adentrar o mundo que ele mesmo criou. No entanto, quando Deus Filho adentrou o mundo que havia criado (o que, para ele, por ser perfeito em si mesmo, foi um amor sacrificial perfeito), tinha como propósito tirar o homem do estado em que havia caído. Na direção oposta, o ser humano está amando sua própria criação, deixando-a dirigir sua vida, para que, se possível fosse, a sua própria criação lhe concedesse o que está faltando. Assim, para Deus, adentrar sua criação foi para o resgate de sua criatura; para o homem, ironicamente, adentrar sua criação será para tentar *ser resgatado* por ela.

CRIADOS COMO SERES SOCIAIS E MORAIS COM UM PROPÓSITO

Como seres responsáveis, Deus nos deu, em Adão, a responsabilidade de cuidar do espaço no qual fomos colocados. Para que isso se concretizasse, Deus nos fez com a capacidade de interagir com a natureza e o ambiente, por meio de várias sensações, incluindo os sentidos da visão, do tato e da audição, e o gosto pelo bonito, perfeito e enriquecedor. Deus nos fez, entre outras coisas, artistas, criativos e interativos.[50] Foi o uso equivocado desses sentidos, em especial a visão e o tato (Gn 3.3,6), a capacidade de raciocinar e de ser intérprete, além do gosto pelo agradável e desejável (Gn 3.6), que levou Eva a pecar[51] e perder o privilégio do Jardim.

Criação

Fomos feitos geração de Deus, provenientes de um só homem. Ao formar Eva, Deus inseriu Adão em uma sociedade. Assim, fomos feitos para viver em família, em sociedade. Gênesis 1.27 e 2.18,24 mostram nossa formação como seres sociais. Desde a Criação (Gn 1.22,28), e reafirmada após o Dilúvio (Gn 9.1,7), a formação do homem e da mulher tinha como objetivo, pela procriação, a formação de uma sociedade com propósitos. Efésios 5.30-32, por exemplo, mostra que somos

---

[50] Descrição com muitos detalhes em Elizabeth Gomes: *É a vovó* (Brasília: Monergismo, 2014).
[51] Blaiklock, 1979, p. 11-2.

membros do corpo de Cristo e que, desde a gênese, a união do homem com sua mulher, formando um só corpo, estava ligada ao mistério da relação de Cristo com sua igreja. Uma riqueza incalculável nos foi oferecida por Deus, desde a fundação do mundo, ao imprimir na mente e no coração de todos os seres humanos, de todas as épocas, em todos os lugares, a riqueza do *mistério de Cristo e de sua igreja*, a comunidade dos remidos com seu Redentor, por meio da criação do homem e da mulher, *formando uma só carne*.

O ser humano foi criado com a principal finalidade de "glorificar a Deus e gozá-lo para sempre".[52] Somos pessoas projetadas com pensamentos, desejos e emoções, não para viver por instintos como os animais, mas com visão e propósito.[53] Muitas vezes pensamos, imaginamos, analisamos e remexemos toda a nossa vida, a fim de entender, pelo menos um pouco, o mistério de nossa própria história e encontrar fundamento para nossa identidade. Este, no entanto, não poderá ser encontrado em parte alguma de nossa história, exceto naquele que nos criou.[54] Isso mostra que a falta de conhecer a Deus impede o homem de entender quem realmente ele é. Sem Deus, ele fica às cegas, em busca da própria identidade. Um exemplo disso é o trabalho sobre a mente humana de William James, da Universidade de Chicago. A abordagem de James, em sua extensa obra (mais de oitocentas páginas), exclui propositalmente a alma e a imortalidade.[55] Ele termina afirmando que, se formos honestos,

---

52 Westminster, op. cit., p. 7.
53 Tripp, op. cit., p. 32.
54 Ibidem, p. 32-3.
55 William James. *Great books of the Western world: the principles of psychology*. Encyclopaedia Britannica, INC. (Chicago: William Benton Publisher, 1952), p. 119, 226, 224.

reconheceremos que, até mesmo na psicologia, suas partes mais claras não nos levam muito longe.[56] Ainda afirma que, depois do apanhado geral da psicologia, "o crepúsculo que lentamente se ajunta transforma-se em noite profunda".[57] James conclui que o ser humano que procura sua identidade fora de Deus e de seu alvo sucumbe por não encontrar o norte de sua vida.

Somos seres humanos criados com um propósito, para alguma coisa e para alguém. Assim, Adão fora criado para tomar conta do planeta recém-formado (Gn 1.28; 2.15) e Eva, por causa dele (1Co 11.9), para ser sua ajudadora (Gn 2.18,21-22). Juntos, eles teriam como alvo viver para Deus, formar um lar e começar a construir uma história que, de certa feita, Deus já havia iniciado, ao criar o universo e o mundo que conhecemos. Até mesmo a psicologia já entendeu que, para seguir em frente e não desistir, é preciso que o indivíduo tenha um objetivo na vida, ou, pelo menos, algum sonho. Assim, todos temos metas nas quais nos fixamos, que variam de pessoa para pessoa, dependendo do que elas entendem e consideram *perfeição*, tentando, para isso, todo tipo de meios para eliminar "as imperfeições identificadas".[58] O alvo, portanto, para cada ser humano, é, no fim das contas, a perfeição.

Sabemos que o propósito de Deus para o homem, ao transportá-lo do campo para o Jardim do Éden, era mais do que enchê-lo, sujeitá-lo e dominá-lo (Gn 1.28). Um dos encargos específicos dados ao homem era *guardá*-lo (Gn 2.15). Encher, sujeitar e dominar, isso o homem tem feito até

---

56 Ibidem, p. 897.
57 Ibidem. Tradução livre.
58 Friedman, op. cit., p. 126.

os dias de hoje. No entanto, será que ele tem tido sucesso em relação ao guardar? O que significa *guardar o Jardim? Guardar de quê? E como guardar?*

Guardar é a tradução da palavra hebraica *shamar*, que é usada no Antigo Testamento no sentido de proteger, cuidar, tomar conta etc.[59] Apesar de algumas traduções em português optarem pelo sentido de *cultivar* (NVI; NTLH), entendo que *guardar*, no sentido de *proteger*, se encaixa melhor no contexto, pois no capítulo seguinte o mal ameaça o Jardim. Além disso, se *guardar* aqui significa cultivar, qual é a diferença em relação ao verbo anterior, onde está escrito que o homem foi colocado no Jardim do Éden "para o cultivar e o guardar" (Gn 2.15)? Percebemos, portanto, que a missão do homem incluía a proteção do Éden. Mas, como já perguntamos, proteger do quê? E como?

Visto que Deus disse que tudo que ele fizera era *muito bom*, resta apenas o entendimento de que a tarefa da qual o homem havia sido encarregado (de guardar o Jardim) consistia em proteger o Jardim *do mal*. Deus mostrou de que forma esse *guardar* deveria ser feito. Para isso, ele colocou uma árvore específica em seu jardim perfeito. Guardar o Jardim do mal envolvia obedecer à ordem específica de Deus. A desobediência ao mandamento que o proibia de comer da árvore do conhecimento do bem e do mal abriria a porta para a entrada do mal no Éden.

Feitos à imagem de Deus, o homem e a mulher haviam recebido a capacidade de discernimento, inteligência e caráter, conforme já vimos. Deus havia feito um pacto com Adão (Os 6.7), o primeiro homem, para trabalhar para ele. A ele,

---

59 Veja Strong, in loco; Brown-Driver-Briggs, in loco.

fora entregue a responsabilidade de ter "domínio sobre todo o mundo criado e todas as demais criaturas",[60] sob a supervisão do Criador, começando em um espaço limitado e bem definido. Assim, a ele, foi dado, em primeira instância, o Jardim do Éden, a fim de "servi-lo e guardá-lo".[61]

É importante lembrar aqui que foi a ordem proibitiva, de *não fazer*, de não comer da árvore do conhecimento do bem e do mal (Gn 2.17), e não a ordem de *fazer*, de comer de toda a árvore do jardim livremente (Gn 2.16), que foi quebrada pelo homem, trazendo consigo a Queda. O não comer da árvore fazia parte do encargo de guardar o Jardim, pois evitaria, por meio da prática da obediência, por meio do trabalhar em consonância com seu Criador, a entrada do mal. Quando, porém, Adão e Eva comeram do fruto, deixaram de guardar o Jardim da degradação e do distanciamento de Deus, por meio da desobediência. A escolha deles mostrou que não queriam mais a orientação do Criador para tomar conta do planeta.

Em resumo, como seres humanos, somos criados, no tempo e no espaço, dependentes do sustento que vem da terra na qual vivemos e da qual fomos feitos e do Deus que nos criou. Somos criaturas formadas à imagem e à semelhança de Deus (Gn 1.26-27), com capacidade, inteligência e caráter, com o propósito de servir ao Criador livre e ativamente, em sociedade e de coração, administrando a terra, dialogando e interagindo com ele.

---

60 Blaiklock, 1979, p. 9-10. Tradução livre.
61 Ibidem. Tradução livre.

Após a Queda

Como já dito, o homem ainda é um ser social e moral, mesmo em seu estado caído. Como tal, o "imperativo ético [ainda] faz parte da constituição do homem".[62] No entanto, os relacionamentos na sociedade humana se tornaram deturpados, e o propósito de viver em sociedade para a glória de Deus foi profundamente afetado. Vemos isso refletido na reação do casal após a hora fatídica. A vergonha de não mais refletir a imagem de Deus e a fuga da responsabilidade de assumir esse erro são vistas na condenação mútua, reação em que nem Adão nem Eva assumem a responsabilidade por seus atos cometidos (Gn 3.12,13). No entanto, ainda como seres morais, ambos tentam driblar a situação culpando o outro pelo não cumprimento da ética. Isso fez com que, após a Queda, até mesmo as palavras com que o ser humano se sociabiliza não mais reflitam a imagem de Deus, mas a da Serpente. O padrão elevado de Deus é trocado pelo "rebaixado padrão da Serpente".[63] Consequentemente, tornamo-nos "escravos do pecado" (Jo 8.34).

Após a Queda, o trabalho no tempo se tornou mais pesado, e o ambiente, hostil (Gn 3.17-19), além da constante fuga de responsabilidades por parte do homem, por não mais ser capaz de assumir o padrão elevado de Deus. No entanto, de forma injusta e por vezes inconsistente, por saber intuitivamente (Rm 2.14-15) que esse padrão deveria ser refletido, colocamos nos *outros* a responsabilidade de refletir esse padrão elevado da imagem de Deus, de fidelidade, amor, responsabilidade etc., desencadeando, assim, relacionamentos

---
62 Ibidem, p. 10.
63 Tripp, op. cit., p. 31.

em constante atrito,[64] em busca de tentar reconstruir, de alguma forma, o Jardim do qual foram expulsos.

Nossa identidade individual e corporativa (social) é observada na queda de Adão e Eva, na reação deles diante do fato ocorrido e na forma que o Criador tratou o episódio. A reação dos nossos primeiros pais foi coletiva e individual. Coletiva, porque tanto Adão como Eva tentaram corrigir o erro cometido lançando a culpa no outro. Individual, porque cada um, sabendo de sua culpa, tentou passá-la adiante, para, assim, poder escapar. Por outro lado, o Criador também chama e trata o primeiro casal de forma tanto individual como coletiva (Gn 3.9-21). Ele abordou e interagiu, inicialmente de forma individual, com Adão (Gn 3.9-12, 17-19) e Eva (Gn 3.13,16), para, em seguida, abordá-los de forma coletiva, fazendo "vestimenta de peles" para ambos (Gn 3.21), além de expulsar os dois do Jardim (Gn 3.23). Além disso, Deus castigou em Adão — um indivíduo — toda a humanidade, uma coletividade (1Co 15.22). Vemos, por essa ação divina, que o indivíduo não existe isolado do contexto social e que a sociedade "na qual os indivíduos estão inseridos tem grande influência sobre eles".[65]

A Queda não obliterou a dimensão social do homem, mas a afetou grandemente. Adão foi criado como cabeça de uma raça para viver em sociedade. A Queda no Jardim trouxe à cena o individualismo, como expressão da distorção do propósito original de Deus. Embora ainda sejamos seres sociais, a busca de nossa própria glória e de nosso próprio prazer se

---

64 Veja o primeiro casal, Gênesis 3.16.
65 Friedman, op. cit., p. 130.

tornou o novo referencial, o novo propósito. O individualismo é a expressão desse novo alvo *pós-Queda*.

O individualismo insiste em nos fazer esquecer a verdade intrínseca de que o ser humano pertence a uma sociedade, que isso o torna responsável por ela e que essa sociedade é responsável pela ação dos indivíduos que nela se encontram. Esse fato pode ser observado vividamente na história de Acã, que se constitui em uma amostra de como Deus trata o pecado de um indivíduo de forma coletiva. Diz o texto que "prevaricaram os filhos de Israel (...) porque Acã (...) tomou das coisas condenadas" (Js 7.1) e que "a ira do Senhor se acendeu contra os filhos de Israel", pois "Israel pecou" (Js 7.1,11). "Israel se fizera condenado" (Js 7.12), e a família de Acã foi toda apedrejada (Js 7.24-25).

Até mesmo a psicologia sabe que a "identidade se expressa no mundo [por um] (...) ator desempenhando um papel social".[66] Assim, voltemos os olhos para Acã. Como indivíduo da comunidade de Israel, seu pecado foi visto como o pecado do povo. Esse povo foi castigado e derrotado por uma pequena cidade (Js 7.5), demonstrando, assim, que as consequências dos pecados individuais são estendidas à comunidade, a um povo. Portanto, a verdade de que somos seres sociais faz da responsabilidade de cada indivíduo algo bem mais amplo do que somente individual; a responsabilidade é coletiva. Essa verdade é também afirmada por Paulo em Romanos 5.12: "assim como por um só homem entrou o pecado no mundo, e pelo pecado, a morte, assim também a morte passou a todos os homens, porque todos pecaram".

---

66 Laurenti, op. cit., p. 23.

A Queda nos levou a um individualismo generalizado. Esse individualismo tem transformado *afirmações objetivas* em *opiniões subjetivas*, levando os indivíduos a se tornarem cada vez mais estressados, preocupados e sobrecarregados, por acreditarem que precisam sobreviver sozinhos. Ainda assim, mesmo no mundo individualista de hoje, o ser humano não consegue deixar de lado seu corporativismo. Isso faz, por exemplo, com que os jovens de hoje anseiem por uma "transformação autêntica e genuína que produz comunidade verdadeira".[67] Se estes, porém, mesmo sendo cristãos, não entenderem sua nova posição em Cristo, ainda se encontrarão à procura da satisfação própria, tendo Deus somente como "personagem coadjuvante no filme da (...) própria vida".[68]

Como ser social decaído pelo pecado, se o indivíduo não conseguir encontrar um culpado fora de si mesmo, tentará sufocar sua consciência. E, por ser muito pesada a culpa, alguns chegam a ponto de rejeitá-la, dizendo que a consciência é "algo ilusório".[69] Não percebem, entretanto, que estão rejeitando a base para suas ações responsáveis. Vemos essa consciência em ação na história da mulher adúltera (Jo 8.3-11), quando os escribas e fariseus apresentaram a Jesus uma mulher "apanhada em flagrante adultério" (v. 4). Jesus foi além da lei, diretamente ao coração dos acusadores, à sua consciência. E, quando ouviram a resposta dada por Jesus, "acusados pela própria consciência, foram-se retirando um por um" (Jo 8.9a).

---

67 Horton, op. cit., p. 15.
68 Ibidem.
69 Pearcey, op. cit., p. 84.

Mesmo decaídos, continuamos na condição de seres sociais, criados com um propósito. Acreditamos que Laurenti está correta ao afirmar que o homem se apropria do mundo social de maneira ativa. No entanto, não podemos concordar com ela no que diz respeito à autoria de nossa história quando afirma que é "no desenvolvimento de atividades que o homem vai construindo sua história",[70] e que, portanto, nós mesmos somos os "autores de nossa história".[71] Até mesmo essa responsabilidade, conforme as circunstâncias nas quais nos encontramos, torna-se por demais pesada para ser carregada. No entanto, essa ideia é defendida também pelo psicoterapeuta Augusto Cury. Ele afirma que cada um é "autor da própria história".[72]

A afirmação de Cury nos dá uma amostra de quanto o ser humano se afastou de Deus e de como o individualismo permeia a sociedade. O desespero, que termina tomando conta dos que percebem que são incapazes de construir a própria história, mostra a necessidade de lembrar que não vivemos no mundo para criar nossa história "ou para construir um reino" para nós mesmos. Mostra a necessidade de todos entenderem que nós vivemos em prol de um *reino inabalável* para servir "a Deus",[73] reino que, inclusive, já chegou. Não o meu reino sobre as pessoas que convivem comigo, mas o reino de Deus (Lc 11.20). O fato de sermos seres sociais prova que é impossível cada um construir seu próprio reino aqui neste

---

70 Laurenti, op. cit., p. 23.
71 Ibidem.
72 Augusto Cury. *Ansiedade: como enfrentar o mal do século; a síndrome do pensamento acelerado; como e por que a humanidade adoeceu coletivamente, das crianças aos adultos* (São Paulo: Saraiva, 2014), p. 36.
73 Hebreus 12.28; Horton, op. cit., p. 169.

mundo, porque, para isso, seria necessário vivermos em ilhas isoladas. Mas não há como realizar tal façanha, pois um reino é feito de um rei *e* de seus súditos.

O salmista afirma que, no livro da vida, "foram escritos todos os meus dias" (Sl 139.16). Isso nos mostra que o homem não está construindo a própria história, mas faz parte do desenvolvimento de uma história planejada, na qual a vida de cada um tem seu entrelace com a vida de outras pessoas. Essa verdade é muito importante quando, na prática, deparamos com problemas e circunstâncias difíceis. Em um mundo *sem* Cristo, somos, "ao mesmo tempo, autores e coautores"[74] da vida e da história, e precisamos uns dos outros para que essa história se concretize.[75] No entanto, esse desenvolvimento termina em luta por uma posição nessa sociedade. Isso é mostrado por Paul Tripp nos primeiros capítulos de seu livro *Guerra de palavras*.[76] Essa luta pode ser abrandada quando entendemos que, como crentes e cidadãos de outro mundo em construção, não somos autores e coautores, mas, sim, coparticipantes (Ef 3.6) e conservos (Mt 18.33; 24.49) em uma sociedade em desenvolvimento e em progressão, rumo a um alvo. A consciência disso tira de nós a urgência de controlar a história como um todo ao nosso redor. Em Cristo, somos um povo com um propósito, para o qual Deus usa as próprias pessoas, com o fim de se ajudarem mutuamente em sua conquista. Isso é feito *em* Cristo (nosso novo ambiente de trabalho e nossa armadura) e com a ajuda de seu Espírito, para que não sejamos confundidos pelo engano do pecado.[77]

---

74 Laurenti, op. cit., p. 23.
75 Ibidem.
76 Tripp, op. cit.
77 Idem, cap. 9.

A Escritura ainda nos afirma que, como seres caídos em pecado, tanto como indivíduos como coletivamente, somos "por natureza, filhos da ira", como os demais (Ef 2.3). Condenados enquanto não crermos "no nome do Filho Unigênito de Deus" (Jo 3.18), "filhos da desobediência" (Ef 2.2; 5.6; Cl 3.6) e culpáveis perante Deus (Rm 3.19). Mortos em "delitos e pecados" e incapacitados de ver e crer (Ef 2.1). "Néscios, desobedientes, desgarrados [e] escravos (...) de paixões e prazeres, vivendo em malícia e inveja, odiosos e odiando-nos" (Tt 3.3). Perdidos em uma identidade fluida e sem rumo. "Desenraizados."[78] Presos sob o poder do pecado e da morte.[79] Essas declarações nos mostram que, como indivíduos, fazemos parte de um grupo e que o que somos está interligado com o que fazemos e com nosso rumo e nosso alvo.

O ser humano, tanto individual como coletivamente, ainda tem a necessidade de guardar do mal tanto o coração como os desejos[80] e cuidar das coisas criadas mesmo após a Queda. No entanto, depois da Queda, o propósito do homem em *guardar* as coisas não é mais para a glória de Deus, pois, "sem a graça de Deus, eles [as pessoas] sempre escolherão algo da criação acima do Criador".[81] O ser humano ainda vive para alguma coisa ou para alguém, pois é adorador, sempre adorando algo[82] e deixando que alguém ou algo reine sobre ele. Lane e Tripp exemplificam esse ponto com o caso de Ginny,

---

78 Horton, op. cit., p. 151.
79 Ibidem.
80 "Sobre tudo o que se deve guardar, guarda o coração, porque dele procedem as fontes da vida" (Pv 4.23); "o seu desejo será contra ti, mas a ti cumpre dominá-lo" (Gn 4.7b).
81 Lane, op. cit., p. 204. Tradução livre.
82 Ibidem. Rm 1.25.

que deixava os desejos de Ted reinarem sobre ela em vez de obedecer a Deus, que deveria ser o seu Rei.[83]

Em resumo, o propósito para o qual fomos criados como seres sociais e morais foi profundamente afetado pela Queda. Esse propósito, que consistia no cuidado e na preservação da criação de Deus pelo casal e por seus descendentes, para a glória de Deus, corrompeu-se profundamente. Agora, o homem tem como alvo sua própria glória, mesmo à custa dos outros. O individualismo de nossos dias é uma clara expressão disso. Esse entendimento nos ajudará a ver de onde caímos, assumir nossa culpa e entender nossa posição em Adão e, então querer ser reorientados pelo Criador para assumir nossa nova posição em Cristo.

---

83 Ibidem.

3
A identidade de Cristo

Sabendo que nossa identidade é encontrada fora de nós, precisamos conhecer a identidade daquele com quem nos identificamos e que nos identifica. A importância de estudarmos a identidade de Cristo está no fato de nossa identidade como cristãos se encontrar *nele*. Assim, da mesma forma que precisamos de um mapa para nos situar em uma cidade desconhecida, precisamos de algo que nos possibilite conhecer nosso novo espaço, Cristo. E isso é impossível sem o Doador do mapa e sem a capacidade de lê-lo (Mc 10.26-27).

Deus, ciente desse fato, nos promete dar o entendimento necessário por meio de seu Espírito (Jo 14.16-17, 26). E, para que possamos ter condições de nos identificar e identificar nosso novo espaço, nossa nova habitação, Deus nos deu o caminho (Jo 14.5-6). E mais que isso: O Caminho, A Verdade e A Vida (Jo 14.6), que se fez homem e habitou entre nós (Jo 1.14).

O alvo aqui não é fazer uma pesquisa exaustiva sobre a pessoa que nos dá a base sólida de nossa identidade, a pessoa com quem podemos nos identificar e por meio de quem recebemos vida. Nosso objetivo aqui consiste em nos ater a algumas características de sua identidade, para que isso nos auxilie no entendimento de nossa identidade *nele*.

Tentaremos compreender a identidade de Jesus Cristo por três perspectivas: primeiro, do entendimento do tempo e do espaço, dos quais ele mesmo é o Criador e sustentador. Segundo, de sua identidade como imagem de Deus. E terceiro, de Cristo como ser social que adentrou o mundo com um objetivo.

A IDENTIDADE DE CRISTO PELA PERSPECTIVA DO TEMPO E DO ESPAÇO

Quando falamos em *tempo*, referimo-nos, primariamente, ao tempo cronológico criado por Deus. Aqui, neste livro, uso esse tempo, pois é nele que Deus realiza a história da redenção e de seus feitos salvadores, incluindo a encarnação de seu Filho, Jesus Cristo. Por espaço, entendemos, primariamente, a extensão limitada criada e usada por Deus em três dimensões, em que o universo e os humanos existem, e Deus Filho adentrou pela encarnação, assumindo os limites impostos por esse espaço. No entanto, destaco que nosso entendimento de espaço é muito limitado e que, em Cristo, esse espaço é progressivamente alargado, recebendo novas dimensões.

Não pretendo aqui elaborar questões filosóficas acerca do tempo e do espaço, nem sobre a relação entre eles. Tomo os dois conceitos em seu sentido comum e popular para que possamos analisar a identidade de Deus Filho e como foi moldada ao assumir, em Jesus Cristo, uma pessoa no tempo e no espaço. Também busco mostrar que, como Deus se encontra acima do tempo e do espaço por ele criados, ele tem todo o poder e toda a autoridade para mudar o tempo e o espaço de suas criaturas. Ele também tem todo o direito de adentrá-los, quando bem lhe aprouver.

Ao proclamar "Este é o meu Filho amado, em quem me comprazo; a ele ouvi" (Mt 3.17; 17.5), o próprio Deus penetrou no tempo e no espaço, revelando-nos a verdadeira identidade de seu Cristo. Também nos revelou sua autoridade e nossa responsabilidade para com ele. A existência desse Filho no tempo e no espaço é acompanhada de fatores diversos que demonstram sua identidade. Como "Filho do seu amor" (Cl 1.13), herdeiro de *todas* as coisas (Hb 1.2), ele não era simplesmente um filho amado que, por ser filho, herdaria o pedaço de chão no qual pisava. Ele é *o* Filho amado que já existia antes de o tempo existir. Ele é dono do tempo e do espaço por ele criado.

Cristo, o Criador

Cristo, antes da encarnação, existia eternamente, como Filho de Deus, Criador de todas as coisas. Como Criador do tempo e do espaço, ele está acima dos limites de ambos. Observando, pois, a linha do tempo, ele é antes da existência deste. Cristo é "antes de todas as coisas" (Cl 1.13-17). E, observando o espaço, ele, que está acima do espaço, é também nosso espaço maior, pois é *nele* que "tudo subsiste" (v. 17). Ele é o princípio (Cl 1.18), "a origem e o início de todas as coisas".[1] É nele também que o universo não somente "foi criado [mas, vem sendo] (...) mantido em existência".[2] Portanto, ele está acima da linha do tempo e desvencilhado do espaço no qual nos encontramos, pois nele é que tudo existe. Ele não depende do tempo nem do espaço para sua sobrevivência; o tempo e o espaço é que

---

1 Johannes Bugenhagen apud Graham Tomlin. *Comentário bíblico da Reforma: Filipenses e Colossenses* (São Paulo: Cultura Cristã, 2015), p. 192.
2 Werner Kaschel. *Dicionário da Bíblia de Almeida* (São Paulo: SBB, 2005), p. 93; João 1.3, Colossenses 1.16-17.

precisam e dependem dele para subsistir, e somos nós que vivemos e dependemos do tempo e do espaço por ele criados. Esse é o motivo pelo qual ele não se abala quando o tempo está ruim. As circunstâncias não o afetam, e ele não se abala quando o lugar no qual caminha vacila debaixo de seus pés.[3] Por esse motivo, por exemplo, ele pôde dar a ordem para que Pedro caminhasse sobre as águas.

O comentarista Ferguson, ao abordar o tema da Criação, afirma que Cristo "é agente, tanto quanto meta da Criação".[4186] Essas verdades são muito importantes. No entanto, é preciso lembrar que ele é mais do que agente e meta da Criação; ele também é o meio pelo qual sua criação recebe, por assim dizer, a sua cara. "A obra diária de Deus, de preservar e governar o mundo, não pode ser separada do seu ato de chamar o mundo à existência."[5] Ele não é somente o Criador de todas as coisas, nem somente o Criador da História e o agente criador de uma nova raça da qual é o Cabeça, e *por meio do* qual e *no* qual recebemos a redenção e a justificação. Ele é mais que isso: ele é *o espaço no qual* os seus se encontram. Ele é *para dentro do qual, com a ajuda do qual* e *no qual* somos aperfeiçoados (Cl 2.10). Assim como Deus é o espaço no qual toda a humanidade se encontra (At 17.28), também os da fé se encontram em Cristo. "Deus é o Princípio vivo e imanente (...) no ser humano."[6] A dependência da humanidade quanto a seu Deus é completa, aceite ela isso ou não.

---

3 Veja Cristo "andando sobre as águas" (Mt 14.26).
4 João 1.1-3; Ferguson, op. cit., p. 250.
5 Wolters, op. cit., p. 26.
6 Atos 17.28, comentário da JFB, *Jamieson, Fausset and Brown Commentary*, Bible Online. Tradução livre.

Como um bom criador de histórias, ele, *o* Criador da História, idealizou sua história minuciosamente, do começo ao fim, mesmo antes da fundação do mundo. Aquele que era eterno e atemporal, isento de limitações temporais e espaciais, preparou a História de tal forma que ele mesmo pôde não somente planejar, mas também adentrar seu tempo e seu espaço pela encarnação, conforme veremos a seguir. Assim, "ele é o mediador tanto da Criação quanto da recriação".[7] Ele, de forma majestosa, juntou a nossa história à dele, à sua própria maneira. Verificamos isso, por exemplo, ao receber a notícia de Paulo de que Deus "nos escolheu, nele [em Cristo], antes da fundação do mundo" (Ef 1.4). O plano dele a respeito do seu mundo e dos seus foi, é e sempre será perfeito, completo e se completando no tempo e no espaço.

As duas Histórias e seu entrelaçamento

Em relação à nossa identidade, Cristo, como Verbo por meio do qual todas as coisas foram criadas, é aquele que nos dá a possibilidade de experimentar a tão desejada *coesão interna* e a paz de que necessitamos neste mundo em confusão. Portanto, é importante compreender como esse Verbo com o qual devemos nos identificar compilou e entrelaçou sua própria história, a história da redenção e a história de sua própria vida, sua existência como Redentor e identificador, com a história que foi colocada em andamento no momento da criação do mundo.

A História da Criação e a História da Redenção caminham de mãos dadas. Acreditamos que Deus não tem duas Histórias que caminham de formas distintas. As Histórias

---

7 Wolters, op. cit., p. 36.

se encontram entrelaçadas e aparecem de forma harmônica na própria Criação. Observamos isso nas cartas de Paulo, quando ele fala que a História da Redenção foi projetada antes da fundação do mundo (Ef 1.4), antes mesmo, portanto, de a História deste mundo, da forma que o conhecemos, começar. Vejamos algumas evidências desse entrelaçamento, observando aqui um pouco mais de perto o fator tempo.

A História da Redenção começou a ser contada no Antigo Testamento de forma inversa e espelhada. Inicialmente, Deus criou céus e terra, e depois colocou o homem, soprando nele o fôlego de vida. E, ao fim da obra da criação, Deus lhe deu o dia de descanso, a fim de que ele desfrutasse as obras de suas mãos, em gratidão ao seu Criador. Posteriormente, na plenitude dos tempos, na parte da História da Redenção contada no Novo Testamento, Deus enviou Cristo para começar a segunda e última parte da História do mundo da forma que a conhecemos. Desta feita, ele começou a reorganização com o que aconteceu no término da criação. Cristo começou essa obra reorganizando, ainda em vida, como Senhor do Sábado (Mc 2.28), o fator tempo. Em seguida, deu aos seus discípulos o fôlego de vida eterna, o Espírito Santo, e assim por diante.

A importância do tempo e de seu entrelaçamento com a História da Redenção é vista já no Decálogo. Nos mandamentos sobre nossos deveres para com Deus, faz parte da adoração a ele nossa responsabilidade em relação ao uso do tempo. Esse tempo foi organizado pelo Criador em semanas compostas de duas partes, mostrando uma sequência. A semana (e sua sequência) é vista no Decálogo, a qual é composta de seis dias de trabalho e um de descanso (Êx 20.9-10). Vemos a importância desse tempo e, especialmente do dia de descanso, sendo reiterada pelo Criador ao adentrar o mundo como o Verbo, o Filho de Deus. Não foram poucas as vezes que Cristo abordou o dia de descanso e nos deu o correto entendimento a esse respeito. E não podemos nos esquecer de que Cristo, em quem nos encontramos, é Senhor desse tempo, assim como é Senhor do Sábado. Portanto, a questão do tempo e sua sequência, bem como a importância do dia de descanso, é importante, pois esse dia foi feito especificamente para nosso aproveitamento, e devemos utilizar esse tempo para crescer para dentro da identidade em Cristo de forma mais intensa.[8]

Acreditamos ainda que esse dia de sábado (dia de descanso), entendido hoje como o domingo, o Dia do Senhor, reflete o dia de sua vinda e é por demais importante para ser esquecido, pois reverbera o alvo de nossa existência no que se refere ao tempo. Esse alvo é nosso descanso no Senhor e a lembrança do seu grande Dia. Como análogos que somos, o descanso em Cristo e a esperança desse dia, implícitos no dia de descanso, precisam ser estabelecidos e experimentados em nossas vidas. Necessitamos desse descanso no Senhor hoje mais do que nunca.

---

[8] Um assunto interessante para um trabalho futuro seria o tempo a mais, o dia de descanso, que Deus introduziu para completar a semana da criação. O dia de descanso é a "pedra angular de todo o processo de criação" (Stanley Anderson E. "The rest of Creation: reflections on the Sabbath in time & Eternity", Touchstone, *A Journal of Mere Christianity* September/October 2013). É o dia que reflete o "aspecto unificador da criação". Um dia que nos mostra que "a intenção de Deus é que sua cura através do descanso vá além da mera restauração". Um descanso que nos oferece crescimento. Um dia que traz à tona "uma combinação de descanso e crescimento visto também no ato de dormir". Essa afirmação pode ser confirmada em um bebê, cuja "alta proporção de tempo de sono [é] o período mais intenso de crescimento do cérebro". Dia que aponta para o descanso que Deus nos oferece em Cristo. Dia que aponta para o grande Dia do Senhor. Dia em que os que se encontram no Filho receberão vida eterna e os que se encontram em Deus, no qual todos "vivemos, e nos movemos, e existimos" (At 17.27-28), receberão de acordo com suas obras (Mt 16.27).

Observando os acontecimentos dentro da sequência do tempo, percebemos o entrelaçamento das duas histórias no ensino de Paulo sobre a ressurreição dos mortos em 1 Coríntios 15. Nessa passagem, ele se volta para o começo da nossa história, mostrando-nos a importância da formação de Adão. Pois Adão, ao ser colocado como cabeça da raça humana, é referido como a representação do último Adão, cabeça da nova raça, daqueles que estão *em Cristo*. O apóstolo mostra como foi necessário haver um *primeiro Adão* para que o *último Adão* pudesse se apresentar posteriormente. Paulo afirma, em 1 Coríntios 15.35-49, que a ordem desses acontecimentos é por demais importante para ser ignorada.

> Mas alguém pode perguntar: "Como ressuscitam os mortos? Com que espécie de corpo virão?" Insensato! O que você semeia não nasce a não ser que morra. Quando você semeia, não semeia o corpo que virá a ser, mas apenas uma simples semente, como de trigo ou de alguma outra coisa. Mas Deus lhe dá um corpo, como determinou, e a cada espécie de semente dá seu corpo apropriado. (...) Se há corpo natural, há também corpo espiritual. Assim está escrito: "O primeiro homem, Adão, tornou-se um ser vivente"; o último Adão, espírito vivificante. Não foi o espiritual que veio antes, mas o natural; depois dele, o espiritual. O primeiro homem era do pó da terra; o segundo homem, dos céus. Os que são da terra são semelhantes ao homem terreno; os que são dos céus, ao homem celestial. Assim como tivemos a imagem do homem terreno, teremos também a imagem do homem celestial (1Co 15.35-38; 44-49).

Não entraremos aqui na discussão teológica desse texto. Ele está transcrito tanto para mostrar como Deus, ao criar todas as coisas, as criou de tal forma que o primeiro Adão pudesse dar respaldo para que o último fosse apresentado para mostrar que até mesmo o plantar de uma semente é usado como analogia de algo maior.

Uma semente só pode se transformar em árvore frondosa após morrer. Paulo usa essa analogia para abordar outra analogia maior e mais complexa, a comparação entre o primeiro e o último Adão, entre Adão e Cristo. Paulo se refere ao primeiro e último Adão como cabeças de duas raças, mostrando-nos a forma que Deus nos transfere do homem terreno para o celestial. Vimos que em tudo isso é preciso lembrar que, para estabelecer a sequência dessas verdades, e para que Cristo invadisse nosso espaço, o Criador usou o fator tempo por ele criado. Assim também, para a nossa vida em Cristo, para viver em novidade de vida (Rm 6.4), é preciso levar em consideração o fator tempo.

Outra analogia que torna evidente o entrelaçar das duas Histórias, e a sequência e o alvo nelas embutidos, é o mistério de Cristo e sua igreja. Esse mistério é descrito em Efésios 5.32, passagem em que, ao falar do casamento, Paulo volta os olhos para o começo da História do ser humano, a fim de mostrar como o Criador já tinha um alvo em mente. Da mesma forma que, por trás da formação do primeiro Adão, havia o propósito do Criador de adentrar o mundo como último Adão, desde a Criação, a formação de Adão e sua mulher, e a instituição do casamento, já constituíam uma amostra evidente de algo bem maior.

Desde o princípio, o Criador usufruiu o tempo e o espaço que ele mesmo criou para se fazer conhecido. Em primeiro lugar, ele fez isso por meio de figuras e sombras; depois, na plenitude dos tempos, invadindo pessoalmente, no tempo e no espaço por ele designados, a própria História, que ele havia fundado ao planejar, formatar e executar a Criação, de maneira que nós, suas criaturas, pudéssemos reconhecê-lo quando encarnasse no tempo e no espaço.

Uma das capacidades dadas ao ser humano para que Cristo pudesse ser reconhecido foi a linguagem.[9] O Criador do céu e da terra fez todas as coisas de tal forma que, ao adentrar a Criação, pudesse ser reconhecido, escutado pela pregação, crido e obedecido de forma sincera e de todo o coração e com todo o entendimento.[10] Ele assim agiu para que suas criaturas pudessem ter, no devido tempo, sua identidade restaurada, tanto individual como coletivamente, tanto no ser como no motivo para viver.

Percebemos que até mesmo o preparo da História da Redenção foi feito antes da fundação do mundo (Ef 1.4). Revelada em tempo oportuno, e de forma sequencial, começou seu desvendar logo depois da Queda, quando o Criador fez a promessa do descendente que iria redimir sua Criação (Gn 3.15). Deus prometeu uma saída para o pecado do homem, apresentando ao próprio Adão o Filho que viria para vencer o mal — mal de que, inclusive, o primeiro Adão não soube se resguardar. Assim, o Criador agiu para que, em

---

9 Tripp mostra isso ao escrever o livro *Guerra de palavras*; as próprias parábolas de Jesus também mostram isso, quando ele usa o exemplo de uma semente que germina para falar de seu Reino. E, quando fala de sua pessoa de forma bem visual, como "Sou o pão da vida", "a porta" etc.
10 Wolters, op. cit.

tempo oportuno, não somente suas criaturas, mas, posteriormente, toda a sua criação, fossem redimidas do cativeiro em que se viram lançadas após a Queda. O Filho amado do Pai invadiria o *espaço* que ele mesmo havia criado, na plenitude do tempo (Gl 4.4), a fim de salvar o mundo (Jo 3.16-17) e se tornar mais que Filho, a saber, também Salvador e Senhor. Desse modo, Deus concretizou o propósito de sua Criação, o propósito de tornar seu Filho amado não somente o Verbo Criador (Jo 1.1-3; Cl 1.16), mas também o Herdeiro de todas as coisas (Hb 1.2).

A reconquista da Criação

Em relação às pessoas que o Cristo iria resgatar para continuar seu trabalho, Deus usou outra vez a História da Redenção. Ele a expôs ao longo de um *tempo* por meio de uma encenação proativa, em que preparou as circunstâncias para que seu povo andasse em conformidade com a sua vontade e, nesse ínterim, encontrasse sua tão desejada coerência interna. Essa história começou a ser encenada com o cativeiro dos filhos de Abraão e sua posterior libertação, que reflete a libertação do poder do pecado sobre os que creem. Uma das provas de que Deus organiza sua história antes de cumpri-la foi dada ao próprio pai da nação por meio do aviso de cativeiro de seus filhos e da libertação de seu povo depois de quatrocentos anos (Gn 15.13-14). Ele executou sua promessa de libertação por meio de pragas, sofrimento e Páscoa, inserindo, por meio do Cordeiro, a forma da Redenção.

A História continua a se desenrolar com Deus (*a*) instruindo seu povo de forma prática, por meio da doação do maná e de outras provas, para o seu e o nosso ensino (Dt 8.3;

1Co 10.6,11), *(b)* dando os mandamentos para serem seguidos e *(c)* guiando seu povo em batalhas contra os inimigos. Essa história termina com a entrada do povo, pela fé, na terra prometida. Por meio das conquistas feitas por essa nação em formação, Deus mostrou aos outros povos que continuava a ser o dono da terra e que a daria a quem quisesse (Js 2.9). Até mesmo o próprio Senhor Jesus Cristo, quando aqui no mundo, abordou a importância de sua ação na História ao afirmar: "Sabeis, na verdade, discernir o aspecto do céu e não podeis discernir os sinais dos tempos?" (Mt 16.3b). E, ao dar o sinal de Jonas, ele demonstrou mais uma vez, por meio de exemplos, sua ação na história e dá a nós, seres humanos, a capacidade de observá-la e entendê-la.

O Deus Criador, que sempre reinou (Sl 47), restaura, por meio de seu Filho, sua Criação ao amor e à obediência por meio de "um *estilo de vida* de ministério",[11] ou um ministério com estilo, entregue aos seus filhos ao longo dos séculos, por meio de uma história progressiva. Ele usa para isso, entre outras coisas, analogias para se fazer conhecido e obedecido, para que assim, no tempo devido, esse Filho possa entregar seu "reino mediador ao Pai".[12] Desse modo, quando esteve no mundo, o Filho fez as obras que o Pai lhe confiou (Jo 5.36) e, ao chegar à glória, recebeu a honra de se assentar ao lado do Pai (Hb 1.13; Lc 20.42-43), de onde continuaria a reconquista de tudo por meio dos seus, os quais comprou com o próprio sangue para dar continuidade ao trabalho neste mundo. Como herdeiro (Lc 20.14) de tudo, está preparando a parte ativa de sua herança (Ef 1.11), com vistas ao

---

11 Tripp, op. cit., p. 159, ênfase do autor.
12 JFB, comentário em 1 Coríntios 15.24. Tradução livre.

seu aperfeiçoamento "para o desempenho do seu serviço, para a edificação do corpo de Cristo (...) até que todos cheguemos à unidade da fé e do pleno conhecimento do Filho de Deus, à perfeita varonilidade, à medida da estatura da plenitude de Cristo" (Ef 4.12-13).

A IDENTIDADE DE CRISTO COMO IMAGEM DE DEUS

Como Filho de Deus, "herdeiro de todas as coisas" (Hb 1.2) e ser humano perfeito, Cristo refletiu aqui no mundo a imagem de Deus de forma perfeita, pois ele mesmo é o Verbo pelo qual fomos formados. Não há outra pessoa capaz de refletir à perfeição a imagem de Deus do que ele próprio.

Ele adentrou este mundo como o último Adão (1Co 15.45). O primeiro Adão refletiu, a princípio, a imagem perfeita de Deus, com a qual havia sido criado (Gn 1.27). No entanto, após a Queda, a imagem de Deus em Adão e seus descendentes tornou-se distorcida e manchada pelo pecado. O último Adão, Cristo, foi o homem que, após Adão, refletiu à perfeição a imagem de Deus. Ele fez isso por nós, com o fim de aplacar a ira de Deus Pai, pela quebra de sua perfeita imagem, pela desobediência. Fez isso para que os seus recebessem "poder de serem feitos filhos de Deus" (Jo 1.12). Esses seriam "chamados filhos de Deus" (1Jo 3.1) e receberiam o poder de assumir novamente a sua identidade plena, agora *no* Filho.

Como último Adão, Cristo é a imagem de Deus em um sentido único e exclusivo. Adão foi criado à imagem de Deus (Gn 1.27), o que significa que, na sua criação, alguns atributos de Deus lhe foram comunicados, desde a consciência até o arbítrio. Cristo, contudo, é a imagem de Deus em sentido mais abrangente: ele é a expressão e a imagem perfeita de Deus, como nem mesmo Adão foi. Nenhum dos atributos divinos estava ausente em Cristo. Ele era verdadeiramente Deus. E podemos verificar essa verdade nas Escrituras de diversas maneiras.

Como Filho Amado de Deus (Cl 1.13), Cristo é a imagem perfeita do Pai, a "expressão exata do seu ser" (Hb 1.3). Conforme Paulo afirma, "nele habita corporalmente toda a plenitude da divindade" (Cl 2.9). Cristo mesmo disse a Felipe: "Quem me vê a mim vê o Pai" (Jo 14.9), como se afirmasse, "sou igual a ele, só que em forma visível e palpável" (Jo 20.27; 1Jo 1.1). A ideia de o Filho amado de Deus ser a expressão exata do ser de Deus está presente no seguinte texto: "Sede, pois, imitadores de Deus, como filhos amados" (Ef 5.1), que mostra que um filho amado é imitador de seu Pai. Sabemos que o Filho de Deus, enquanto esteve aqui no mundo, realmente fez isso, e afirmou: "porque as obras que o Pai me confiou para que eu as realizasse, essas que eu faço testemunham a meu respeito" (Jo 5.36).

Como Filho amado de Deus, a obediência ativa e passiva de Cristo atestava que ele era o portador da perfeita imagem de Deus. Ele, conforme vimos, veio ao mundo para salvar pecadores e, como imagem de Deus, adentrou o tempo e o espaço com o fim de seguir à risca o plano previamente estabelecido pelo Pai. Assim, ele se humilhou, morreu e foi exaltado, nessa ordem, a fim de dar nova vida àqueles que se encontram nele.

No *espaço*, a perfeita imagem de Deus nasceu na Palestina, em uma manjedoura, sem lugar para ficar. No *tempo*, veio em sua plenitude e se tornou nosso representante como ser humano perfeito diante de Deus Pai, Criador do Universo. Como "imagem do Deus invisível" (Cl 1.15), ele é único, unigênito (Jo 1.14), amado do Pai (Ef 1.6). No entanto, por meio de sua morte e ressurreição, além de Filho único, ele se tornou primogênito. Não somente "primogênito entre muitos irmãos" (Rm 8.29), mas primogênito de toda a nova Criação (Cl 1.15). E, como tal, é herdeiro de tudo e de todos (Hb 1.2).

Como herdeiro, Cristo é a imagem de Deus em ação, em prol daqueles que fariam parte de seu corpo por meio de seu amor. É o rei e líder que envia seus mensageiros para saquear a casa do inimigo (Mt 12.25-30), que havia usurpado sua herança por meio de mentiras (Gn 3.1-5). Adentrou o mundo para ser Salvador, para, com laços de amor, convocar os seus, na luta contra o mal (Ef 6.12), contra seu inimigo, inimigo do herdeiro que ele é. Na posição de Filho do Homem e Salvador, resgata, "perdoa toda iniquidade" (Os 14.2) e redime aqueles a quem escolhe. Purifica para si mesmo "um povo exclusivamente seu, zeloso de boas obras" (Tt 2.14), a fim de, por meio destes, tornar visível a sua luz num mundo em trevas (Mt 5.14).

Como Deus encarnado, a perfeita imagem de Deus amou e se entregou a fim de, entre outras coisas, perdoar e deixar o exemplo (Ef 5.1-2; Jo 13.4-17). Tirou de nós a dívida que nos impossibilitava de refletir corretamente a imagem de Deus, deixando-nos o exemplo de como refletir essa imagem após a conversão. Dessa forma, Cristo é o referencial de nossa identidade, para a qual havíamos sido formados em primeiro lugar, o que sempre foi, é e deve ser o alvo para nossas vidas (Gn 1.27).

Em resumo, a identidade de Cristo é delineada pelo conceito central da imagem de Deus, do qual derivam outros igualmente importantes para sua identificação: amado, primogênito e herdeiro de todas as coisas. Ele adentrou este mundo como perfeita imagem de Deus, a fim de redimir aqueles a quem estava isentando da condenação do Pai por meio de sua morte, oferecendo-nos, de forma visível, pela sua vida, o exemplo de como assumir nossa verdadeira identidade.

CRISTO COMO SER SOCIAL QUE ADENTROU O MUNDO COM UM PROPÓSITO

Em linhas gerais, Cristo adentrou o tempo e o espaço não somente com o objetivo de resgatar e reunir um povo para viver eternamente em comunhão com ele, mas também para arrebanhar um povo para seu serviço, zeloso e de boas obras, chamado para, junto com o Rei, enxertado na oliveira (Rm 11.24) e na videira (Jo 15), dar fruto e espalhar seu Reino aqui neste mundo. Assim, estamos nele e ele em nós. O objetivo de ter passado neste mundo foi resgatar e arrebanhar um povo para si e trabalhar aqui no mundo por meio desse povo. Isso nos mostra que não há lugar para o individualismo em nossa identidade em Cristo.

Cristo nos é apresentado como Filho de Deus "em carne humana",[13] como ser social a serviço do Pai. Ele veio com o fim, entre outros, de receber o nome de "Príncipe e Salvador" (At 5.31), a fim de nos salvar da condenação eterna, reconciliando-nos "no corpo da sua carne, (...) para apresentar-[nos] perante ele santos, inculpáveis e irrepreensíveis" (Cl 1.22).

---
13 Ferguson, op. cit., p. 261.

Essa sequência de eventos mostra seu propósito abrangendo a sociedade, e não somente de caráter individual.

A "orientação narcisista [ou seja, *eu-centro*]"[14] da geração passada e o individualismo que ainda impera em nossos dias fazem com que o foco do cristianismo e o "ministério das igrejas (...) ainda [pareçam] ser nossa pessoa e atividade, em vez de Deus e sua obra em Cristo".[15] Vemos a vinda de Cristo como um ato de amor para nos tirar da condenação eterna, mas nos esquecemos de que o alvo da vinda de Cristo é muito maior. Seu objetivo, ao adentrar o cosmos que ele mesmo criou, é nos reescrever "como novos personagens [para dentro do] (...) drama da redenção de Deus".[16]

Assim, no mundo individualista de hoje, é preciso lembrar urgentemente que o foco maior de Cristo e de sua vinda a este mundo não somos nós, mas seu reino e a glória do Pai. Ele veio ao mundo para ser a Luz, a fim de que não permanecêssemos e perecêssemos nas trevas (Jo 12.46). Ele veio para que fôssemos não somente "salvos da ira de Deus" (Rm 5.9b), mas também recrutados e inscritos no drama de Deus, que está se desenrolando na História. Ele veio para que pudéssemos servir a ele como suas testemunhas (At 1.8), testificando da verdade, já proclamada e testemunhada pelo próprio Cristo, de que ele é Rei (Jo 18.37), e afirmada por Deus Pai na hora do batismo do Filho, ao mandar que ouvíssemos suas palavras (Mc 9.7).

O Rei, Cristo, veio ao mundo para, após sua obediência, morte e ressurreição, receber do Pai a primazia em *todas* as

---
14 Horton, 2010, p.15.
15 Ibidem.
16 Ibidem.

coisas (Cl 1.18), para ser o primeiro em *tudo,* para ser líder de *tudo,* e, entre outras coisas, ser a cabeça de um corpo, sua igreja (Cl 1.18). Portanto, o alvo da vinda de Cristo ao mundo não foi somente reconciliar os indivíduos com Deus, nem somente ser "o advogado que conseguiu manter-nos fora da prisão",[17] mas também reconciliar consigo mesmo *todas* as coisas e nos fazer servos reconciliados e fiéis. Ele veio reconciliar com Deus não só a raça humana, mas toda a criação que, junto com os salvos, também "geme e suporta angústias até agora" (Rm 8.20-23). Pois — o que nem todos percebem e entendem — "a criação participa do drama da queda do homem e da libertação completa em Cristo".[18] Como egocêntricos que somos, não nos atemos a esta verdade: a criação aguarda com expectativa a revelação dos que vão, definitivamente, ser parte integrante da nova Criação (Rm 8.19).

Ao refletirmos sobre o objetivo pelo qual Deus criou o homem em sociedade e família, vemos que Deus enviou seu Filho para ser "o primogênito entre muitos irmãos" (Rm 8.29). O objetivo de Deus não era só salvar os que cressem nele, mas também lhes dar o privilégio de *serem feitos* parecidos com o Filho, para, assim, fazerem parte da família real. Ele queria que nos encontrássemos entre os irmãos que o próprio Cristo treinaria, por meio do Espírito por ele prometido,[19] a fim de nos transformar, "de glória em glória, na sua própria imagem" (Rm 8.29; 2Co 3.18). Cristo, portanto, é a "dádiva que nos dá a dimensão definitiva da graciosa

---

17 Lane, op. cit., p. 158; 1João 2.1.
18 Wolters, op. cit., p. 66.
19 "E eu rogarei ao Pai, e ele vos dará outro Consolador, a fim de que esteja para sempre convosco" (Jo 14.16).

magnanimidade de Deus".[20] O Pai enviou o Filho ao mundo para abrir o caminho à nossa "adoção de filhos" (Ef 1.5), demonstrando, assim, "a suprema riqueza da sua graça, em bondade para conosco" (Ef 2.7). Ao crermos nele (Jo 20.31), além de não sermos mais julgados com os demais (Jo 3.18), seremos considerados parte de "sua própria herança" (Ef 1.11).[21] Cristo veio para aplacar a justiça do Pai, para que pudéssemos ser dele e para que ele fosse glorificado (Ef 1.6) em nós. Essa ação desmonta o individualismo.

Em suma, o objetivo da vinda de Cristo era vir "na plenitude do tempo" (Gl 4.4), a fim de "fazer convergir nele", no tempo determinado por ele mesmo, "*todas* as coisas, tanto as do céu como as da terra" (Ef 1.10). Ele veio a este mundo não só para ser Salvador, mas com o objetivo de formar "um povo exclusivamente seu, zeloso de boas obras" (Tt 2.14b), preparando gradativamente um reino liderado por ele mesmo. Após seu nascimento, vida, morte e ressurreição, o Filho anunciado por Isaías leva o governo "sobre os seus ombros" (Is 9.6), enquanto se encontra "assentado à direita de Deus" (Cl 3.1b). Seu domínio vai aumentando gradativamente, até que reine uma "paz sem fim sobre o trono de Davi e sobre o seu reino" (Is 9.7).

O propósito do Filho, portanto, é colocar os inimigos debaixo de seus pés[22] e recrutar, dentre os imersos no "império das trevas", aqueles a quem ele escolheu antes da fundação do mundo e transportá-los para seu reino (Cl 1). Paulo afirma isso ao confortar os cristãos com a morte (1Co 15.23-27). Ele

---

20 Carson, op. cit., p. 37.
21 JFB. Tradução livre.
22 "Porque convém que ele reine até que haja posto todos os inimigos debaixo dos pés" (1Co 15.25).

veio com o propósito de formar seu reino eterno, composto de súditos, aos quais confere graça, perdão e paz. Confere ainda o privilégio de assumir uma posição de ação neste reino em formação, por meio de dons por ele conferidos (Ef 4.8), confiando-nos "a palavra da reconciliação" (2Co 5.19) e nos fazendo "*condutores*" de seu amor.[23] O cuidado pelos seus, por aqueles a quem ele chamou, foi confirmado pelo anúncio do Filho como pastor levantado para cuidar do rebanho.[24] O próprio Jesus confirma esse fato (Jo 10.7-18).

Desse modo, a identidade de Cristo encontra-se intimamente relacionada à sua igreja, da qual ele é Cabeça (Cl 1.18-20), para que, por intermédio dos seus, Cristo seja anunciado a todos, obedecido por todos e esteja em todos (Mt 28.19-20; 2Co 1.19). Isso porque Deus Pai "pôs todas as coisas debaixo dos seus pés e, para ser o cabeça sobre todas as coisas, o deu à igreja, a qual é o seu corpo, a plenitude daquele que a tudo enche em todas as coisas" (Ef 1.22-23). Por isso, Deus nos chama à comunhão de seu Filho, nosso Senhor (1Co 1.9), e nos afirma que nele nos é dada sua graça (1Co 1.4). Nele, somos enriquecidos em palavra e conhecimento (1Co 1.5); nele, não nos falta nenhum dom para que usemos enquanto aguardamos sua vinda (1Co 1.7), e ele mesmo nos confirmará até o fim, terminando a obra que começou,[25] com o propósito de sermos irrepreensíveis em sua vinda (1Co 1.4-9).

Enfim, o alvo de Cristo ao adentrar este mundo foi recrutar para si mesmo um povo cujos membros, ao receberem pela fé o perdão de pecados e a consequente paz com

---

23 Tripp, op. cit., p. 152.
24 Ezequiel 34.10-15; Carson, op. cit., p. 40.
25 1Coríntios 1.8; Whitlock, op. cit., p. 1506.

Deus, entrassem, por adoção, na família da fé. Um povo caracterizado por seu zelo e por suas boas obras, com o fim de proclamar as virtudes de Deus (1Pe 2.9-10) enquanto estivesse no mundo, com o fim de oferecer ao Senhor "a glória que lhe é devida",[26] por ser ele mesmo o Criador do Universo. Esse é o Criador que age por amor a ele mesmo, que nos responde e age em nós "por causa de quem ele é (...) [e] (...) por causa do que ele está fazendo"[27] no mundo por nosso intermédio. O salmista Davi confiou nessa verdade quando pediu que o Senhor o guiasse "pelas veredas da justiça". Ele pediu que o guiasse não por amor a ele mesmo, por ser rei de Israel, mas para que o nome de Deus fosse exaltado (Sl 23.3).

Nesse contexto, não temos como nos definir à luz da identidade de Cristo sem reconhecer nossa vocação para viver em comunidade e levar ao mundo a glória de nosso Rei. Esse reconhecimento é um antídoto eficaz contra o individualismo de nossos dias e contra o conceito de que religião é algo particular e pessoal, e não algo público. Concluímos também que não é possível cumprir nossa vocação sem a nossa união com o Salvador, pois é por meio de nós que ele realiza seu propósito neste mundo. Sua identidade e a nossa estão interligadas; sem ele, nossa identidade termina incompleta e distorcida.

Em resumo, ele se tornou criatura a fim de resgatar sua criação e mostrar em pessoa como devemos, juntos, com seu auxílio e sua graça, viver, com o fim de formar *nele* um povo exclusivamente seu, zeloso, a fim de reinar com ele (2Tm 2.12) por toda a eternidade. Ele é nosso alvo para o entendimento perfeito de nossa identidade.

---

26 Tripp, op. cit., p. 152.
27 Ibidem, p. 53.

4
Nossa identidade em Cristo

Este capítulo busca entender o transporte do homem *em* Adão para seu lugar *em* Cristo. Não do campo para o jardim, como foi feito com o primeiro homem, mas das trevas para a luz, para o lugar de adoração diária, *espaço* privilegiado no qual o ser humano pode ter, novamente, livre acesso ao seu Criador, em ritmo de tempo. Agora não mais de trabalho e descanso, mas de descanso e trabalho.

Vamos analisar nossa identidade em Cristo (a qual também deve ser nossa base no aconselhamento cristão). Se buscarmos nossa identidade, significado, aceitação, paz e descanso em alguma coisa que não seja a pessoa de Cristo, "estaremos [como que] na Disneylândia",[1] num lugar no qual receberemos nada mais que um abrigo temporário. É possível, inclusive, que até mesmo aqueles que professam a fé em Cristo se vejam em um abrigo temporário, por não compreenderem o que significa sua identidade em Cristo. Os motivos pelos quais aceitamos Cristo são diversos. No entanto, não são poucos os que o recebem como Salvador sem entenderem quem ele realmente é. Também não se dão conta de quem nos tornamos quando o aceitamos, onde somos inseridos e para que fomos chamados. O resultado é um cristianismo deturpado,

---
[1] Tripp, op. cit., p. 45.

feito de pessoas que "vivem com enormes lacunas em seu entendimento do evangelho".[2] Como consequência, o medo, a ansiedade e a insegurança continuam reinando.

Como crentes em Cristo, muitas vezes nos preocupamos tanto em *fazer* a vontade de Deus que nos esquecemos de que nossas ações, se não forem arraigadas no entendimento de quem somos em Cristo, terminam em uma vida de serviço a Cristo, mas sem Cristo.[3] Os apóstolos, ao falarem sobre as ações dos crentes aqui no mundo, fizeram isso à luz da verdade da vida eterna em Cristo. Ou, na linguagem da teologia bíblica, os imperativos bíblicos (ações) sempre são enraizados nos indicativos (quem nós somos pela graça de Deus).

Quando falamos de nossa identidade em Cristo, referimo-nos muitas vezes a quem *somos* nele. Em Cristo, *somos* mais que vencedores; em Cristo, *somos* nova criatura; em Cristo, recebemos as bênçãos celestiais; em Cristo, *somos* justificados; em Cristo, *somos*. No entanto, com frequência, nos esquecemos da palavrinha *em* — nossa identidade *em* Cristo, nossa posição *nele*. A palavra *em* tem mais importância do que imaginamos à primeira vista, pois aponta para nossa *dependência* de Cristo.

Isso importa pelo fato de que vivemos *em* um mundo no qual procuramos nos desvencilhar da dependência de qualquer pessoa ao nosso redor, e nossa preocupação gira em torno de nossa autossuficiência e de nosso amor-próprio. Estamos em um mundo que nos quer fazer totalmente independentes. Falamos muito sobre o que *somos* em Cristo, mas esquecemos que, como pessoas vivendo no tempo e no

---

2 Tripp, op. cit., p. 290.
3 Horton, op. cit., capa.

espaço com um alvo, precisamos conhecer não somente quem somos, mas também qual é a nossa posição para atingir esse alvo. Cristo ensina que nossa posição[4] está na rocha ou na areia (Lc 6.24-27), na videira ou fora dela (Jo 15.5). Horton nos mostra que essa nossa nova posição é muito mais importante do que imaginamos. É um divisor de águas. Quando um pecador recebe Cristo, há um *deslocamento* de Adão e do reino do pecado e da morte, bem como uma *realocação* em Cristo.

Em Cristo, então, significa estarmos imersos na "*história dele*, na história do evangelho".[5] Deus nos coloca nessa nova posição e, como seres morais, capazes pela graça de Deus, temos de assumi-la ativamente. Observamos que a preposição *em* não é o antônimo de *sem*, mas o antônimo de *fora de*. O Novo Testamento não nos fala de estarmos com Cristo ou sem Cristo, mas, sim, em Cristo ou fora dele, em Adão. Nosso descanso, por assim dizer, não se encontra no fato de que somos mais que vencedores, ou que somos libertos da ira de Deus. Nosso descanso está em nossa posição *em* Cristo. Os privilégios decorrem apenas dessa verdade fundamental. Se não entendermos em quem nos encontramos, essas verdades (vitória e libertação) ficam como que flutuando e, cedo ou tarde, o desespero assume as rédeas, por não termos um fundamento seguro no qual nos firmar.

Se nos preocuparmos com quem somos sem perceber e procurar compreender *em quem* nos encontramos, nossa casa construída na rocha ficará à deriva quando vier a tempestade, por melhor que tenha sido sua estrutura. Isso porque não

---

4 Compreendida na preposição *em*.
5 Horton, op. cit., p. 98.

nos firmamos nele, mas como que em cima dele. Nossa casa estará como que construída sobre a rocha, somente tocando na rocha, e não *na* rocha, nela alicerçada. Lucas nos afirma que, para edificar sobre a rocha, é preciso cavar, abrir uma vala profunda, para, só então, lançar o alicerce e, assim, realmente construir sobre a rocha (Lc 6.48).

Portanto, estudar nossa posição *em* Cristo implica nos fundamentar nessa nova posição, envolvendo-nos na couraça da justiça de Cristo, e não em nossa própria justiça, calçando-nos com o evangelho da paz, o evangelho de Cristo,[6] e não em nossas boas-novas. Isso tudo na lembrança de que não estamos construindo um reino, mas fazemos parte de um reino que já está entre nós, o reino de Deus. Portanto, dependemos dele para as devidas instruções. Deus faz esse trabalho;[7] nós somos apenas os instrumentos em suas mãos. Não estamos nos realocando em Cristo, mas estamos sendo realocados em Cristo pelo próprio Deus.[8]

CRIADOS NO TEMPO E NO ESPAÇO

Observando nossa identidade *em* Cristo, vemos que nosso espaço físico continua o mesmo. No entanto, nosso espaço espiritual sofreu uma mudança drástica. Agora nos encontramos "inseridos em Cristo, vestidos com Cristo e unidos a Cristo".[9] Para isso fomos chamados, para estar em Cristo, não atrás, nem ao lado, nem junto a Cristo, mas *em* Cristo.

---

6 Ibidem.
7 Ibidem, p. 188.
8 Ibidem, p. 98.
9 Ibidem, p. 103.

A importância de entendermos nossa nova identidade no tempo e no espaço

Partindo de nossa estrutura como seres análogos,[10] usaremos a analogia da marcha (do andar) como um exemplo bastante prático para entender como funciona nosso *ser*, nossa identidade, que se encontra inserida no tempo e no espaço. Na marcha, a interação entre duas pernas e o centro de gravidade do corpo define sua eficiência.[11] Assim também ocorre em nossa vida: o centro de gravidade do nosso *ser*, composto de *estar* (no espaço) e *fazer* (no tempo), define nossa estabilidade. Da mesma forma que o centro da gravidade define a eficiência da marcha, assim, como seres pensantes, o entendimento correto do nosso *ser*, nosso entendimento de quem somos, composto pelo *estar* e pelo *fazer*, traz o equilíbrio tão necessário à nossa vida neste mundo em confusão.

Uma marcha só será equilibrada, e seu centro de gravidade só será estável e eficiente, se as duas pernas que a definem, sua base de apoio e sua propulsão, o movimento propriamente dito, estiverem em perfeita harmonia, iguais em tamanho e guiados pelo mesmo foco de pensamento daquele que marcha. Portanto, assim como o equilíbrio de seu centro de gravidade provém da sincronia entre as duas pernas em ação, também nosso ser, nosso estar e nosso fazer estão intimamente interligados. A *base* de apoio da marcha, para o equilíbrio do seu centro de gravidade, não depende só de uma perna. Há uma necessidade de revezamento entre ambas, de modo que constitui um conjunto inseparável. As duas pernas precisam de sincronia fina, e o *tempo* de apoio, repartido entre

---
10 Gomes, op. cit., p. 37.
11 Maia, op. cit.

elas, deve ser praticamente constante.¹² Assim, nosso apoio, o entendimento de nosso *estar*, que será uma constante quando nos encontramos em Cristo, é inseparável do *fazer*, proporcionando, em conjunto, equilíbrio ao nosso ser.

A marcha normal é feita por dois membros inferiores, dos quais um serve de apoio enquanto o outro faz sua tarefa de balanço e impulso para prosseguir. A perna que faz o apoio representa nossa identidade básica, que nos situa no espaço, nosso estar em Cristo; a perna que faz a propulsão, nossa identidade prática, coloca-nos em movimento dentro do tempo em andamento. No entanto, quando trazemos essa analogia para a prática no campo espiritual, observamos que o reconhecimento de nossa identidade básica muitas vezes se encontra totalmente desacoplado da nossa vida de ação, do nosso fazer, da nossa identidade prática. Esquecemos que nossa identidade em Cristo, nosso apoio e nosso crescimento naquele que nos dá vida devem fazer parte de nossa vida diária, assim como nossas duas pernas na locomoção. Nossa identidade em Cristo, nosso *estar*, deve interagir de forma constante e harmônica com nosso andar diário, nosso *fazer*.

Lane usa a analogia de duas pedras angulares como alicerce para nossa comunhão, e as denomina de *identidade* e *adoração*,¹³ "eu sou ..., portanto eu posso ...".¹⁴ Ele também usa o exemplo da marcha e diz que nosso maior problema "é o fundamento sobre o qual andamos".¹⁵ Esse deve ser um alicerce sólido. Acreditamos que esse alicerce termina não apenas sendo alicerce, mas, por estarmos em Cristo, termina

---
12 Ibidem.
13 Lane, 2011, p. 60-1.
14 Ibidem, p. 61.
15 Ibidem, p. 60.

invadindo e permeando nossa *identidade* e nossa *adoração*, nosso entendimento e a prática desse entendimento, nossa *identidade básica* e nossa *identidade prática*. Ele precisa invadir nosso ser, estar e fazer para podermos interagir com Efésios 4.23, por exemplo, em que está escrito que devemos nos renovar *no espírito do nosso entendimento*. Não se trata apenas de andarmos sobre um fundamento sólido, mas de sermos permeados por esse fundamento, tanto no espírito do entendimento como na prática desse entendimento. Assim, nosso andar deve envolver todo o nosso ser — tanto o entendimento como o desejo e a prática.

A analogia da marcha ilustra o ponto ao qual queremos chegar aqui. O fundamento sobre o qual andamos aumentará o equilíbrio necessário quando entendermos corretamente nossa identidade em Cristo, nosso *ser* em Cristo, composto do *estar* e do *fazer*, e quando assumirmos essa posição e agirmos de acordo com ela. O estar e o fazer, na analogia da marcha, correspondem à identidade e à adoração, na analogia de Lane das duas pedras angulares. Assim como não podemos separar o espaço e o tempo na hora da marcha, não podemos separar o estar e o fazer, os quais estão intimamente ligados ao nosso *ser* no tempo e no espaço. Nosso coração, do qual Lane fala, coração que deve estar totalmente atrelado àquele que nos criou, precisa também estar intimamente interligado ao nosso *ser* equilibrado e composto de nosso *estar* e *fazer*. Deus não somente merece, mas também deve ser — e é — "o núcleo de definição de ambas essas coisas".[16]

---

16 Ibidem, p. 61.

Assim, a analogia das pernas em movimento ilustra nosso *ser*. Ilustra nosso coração, nossa identidade, nosso ponto de equilíbrio, o qual é composto por *estar* e *fazer*, de identidade e adoração, identidade básica e prática — duas pernas que precisam ser entendidas e ajustadas. Assim, para que nosso centro de gravidade, nosso *ser*, esteja em equilíbrio, é preciso entendermos que o *estar* em Cristo e o *fazer*, que é o alvo que temos na vida, devem estar interligados e em harmonia, como as duas pernas na hora da marcha. Esse entendimento é importante para que vivamos como pessoas equilibradas no tempo e no espaço a nós conferidos para nossa existência.

Em resumo, podemos estar em lugares distintos, pertencermos a etnias distintas, culturas distintas, posições sociais distintas, mas o que vai fazer a diferença básica é nossa localização espiritual "em Adão ou em Cristo",[17] nosso ponto de apoio. Quanto ao tempo e ao nosso progresso nele, nosso apoio até pode estar em Deus, mas, se nosso alvo está nas coisas que "eu quero", é como se estivéssemos andando de costas para o Senhor. Em consequência, não tardará para nos virarmos totalmente, com o fim de encontrar estabilidade e equilíbrio para nosso ser, ou nos encontrar, literalmente, sem chão debaixo dos pés. Somente nos encontraremos firmados em Cristo quando nosso *ser* estiver equilibrado pela interação saudável de nosso *estar* e *fazer*, assim como as pernas de um indivíduo em marcha. Daí a importância de entendermos corretamente nossa identidade em Cristo também no que diz respeito ao tempo e ao espaço.

---

17 Horton, op. cit., p. 183.

Nossa permanência no tempo e no espaço

Mesmo depois de nossa conversão, ao nos tornarmos novas criaturas, não podemos nos desvencilhar do tempo e do espaço. Nossa criação em Adão, à imagem de Deus, no tempo e no espaço, não foi obliterada pela Queda nem pela Redenção, ao sermos realocados de Adão para Cristo. Ainda fazemos parte de uma história em progressão, e a realidade de que nos encontramos confinados ao tempo e ao espaço ainda se encontra presente. Percebemos isso rapidamente, e não sem consequências por vezes desastrosas, quando constatamos que dois corpos ainda não podem ocupar, simultaneamente, o mesmo espaço, nem mesmo na nova Criação em andamento. Como novas criaturas em Cristo, criados para pertencer a uma nova Criação, ainda pertencemos à realidade do mundo presente. Portanto, até mesmo o sofrimento e a dor não deixaram de fazer parte de nossa existência.

Mesmo sendo preparados para a eternidade, nosso tempo aqui no mundo ainda acaba.

O fator *tempo*, no qual nos encontramos fisicamente, ainda segue seu curso natural. Nos dias de hoje, quando tentam eliminar o passado, e o futuro parece incerto, é importante lembrarmos que esse tempo começou antes de nosso nascimento e prosseguirá após a nossa partida, com o desenrolar da história em que nos encontramos. Estamos encapsulados em um tempo que teve seu começo marcado na Criação; seu meio, pela vinda do Filho de Deus (Gl 4.4); e seu fim marcado por dias difíceis (Jo 16.33) e a vinda do Filho do homem (Mt 24.29-30). Precisamos lembrar que estamos aqui de passagem, participando por um breve período (Sl 90.10) de uma história já em andamento há muito tempo. A diferença é que agora, *em* Cristo, podemos participar desse tempo, dessa história, mais ativamente e mais cônscios da realidade última, a vinda do Senhor. O entendimento de que a história presente já vinha se desenrolando antes de nascermos e que vai continuar se desenrolando após a nossa morte nos ajuda a lembrar que fazemos parte de algo maior, para o qual Deus nos colocou no *aqui* (espaço) e *agora* (tempo) com um propósito definido.

Quanto ao nosso espaço, após a nossa conversão, fisicamente não entramos numa bolha na qual nada mais nos toca. E, quanto ao nosso tempo, ainda nascemos, nos desenvolvemos, amadurecemos gradativamente, como também ainda envelhecemos e morremos fisicamente. E tudo isso ocorre sob a orientação do Criador, que nos colocou neste mundo na hora e no lugar por ele decretados (Sl 139.16b) e a serviço dele. No entanto, quando nascemos de novo, essa realidade tem um recomeço enriquecedor, pois recebemos de Deus o privilégio de nos apropriarmos de um novo começo e de adentrarmos uma nova realidade espiritual, que vai além da visão humana (1Co 2.9-10). Tornamo-nos parte de uma nova Criação (2Co 5.17), em que a morte não terá mais domínio sobre nós (Rm 6.12). Fomos feitos participantes de uma realidade que teve início antes da nossa existência e que transcende o túmulo, uma realidade na qual já nos encontramos, mas que ainda não usufruímos de forma definitiva e visível.

Assim, já nos encontramos nos *lugares* celestiais em Cristo, mas ainda não experimentamos completamente todos os efeitos dessa localização. O Cristo que nos redimiu e nos mudou de lugar ao orar ao Pai, mesmo desejoso de nos ter ao seu lado (Jo 17.24), pediu que, *por enquanto*, não nos tirasse do mundo (Jo 17.15), com o fim de nos aperfeiçoar na unidade, no tempo em que vivemos (Jo 17.23). Isso para que o mundo, no tempo e no lugar em que nos encontramos, creia que Cristo é o Messias esperado (Jo 17.21), e para que *nós* (coletivamente), como seu corpo, possamos mostrá-lo ao mundo. Entender nossa continuação no tempo e no espaço, mesmo após nossa realocação em Cristo, nos ajudará a entender por que ainda pecamos, sofremos e morremos, bem como a mudança do alvo de nossa sobrevivência.

Nossa progressão na história com começo, meio e fim

A princípio, lembrar que fomos criados no tempo e no espaço não parece ser de grande importância para o entendimento de nossa identidade em Cristo. No entanto, quando reconhecemos que Deus está desenvolvendo a história nesse tempo e nesse espaço, e quando deparamos com a forma que ele age nessa história ao longo do tempo por ele instituído, percebemos que essa história nos é muito valiosa.

A história tem uma progressão. Seus começo, meio e fim já são percebidos na Criação, cujo relato se inicia com um espaço descrito como "sem forma e vazio" (Gn 1.1-2), tem sua continuidade, seu meio, com a criação dos componentes e habitantes desse espaço (Gn 1.3-31), e seu fim vem coroado pelo dia abençoado pelo Criador (Gn 2.1-3), o dia de descanso. É aqui que o Deus da história é um Deus de ordem e progresso, e que a história da Criação está interligada com a história do mundo da forma que o conhecemos. Não nos encontramos em uma história desorganizada, sem começo, meio ou fim, em "um futuro livre",[18] como os "futurólogos

---

18 Egbert Schuurman. *Cristãos em Babel* (Brasília: Monergismo, 2016), p. 24.

revolucionários"[19] tentam nos convencer, mas em uma história organizada e progressiva.

Tanto a História do mundo como a História da Redenção têm início na Criação, e ambas estão em progressão. Nós nos encontramos perto do seu fim, no "fim dos tempos" (1Co 10.11). O autor de Hebreus mostra essa progressão ao falar sobre os heróis da fé do Antigo Testamento. Esses, que "obtiveram bom testemunho por sua fé, não obtiveram, contudo, a concretização da promessa, por haver Deus provido coisa superior a nosso respeito, para que eles, sem nós, não fossem aperfeiçoados" (Hb 11.39-40). Ao criar a história, Deus tinha um objetivo em mente.

Pedro, com o fim de encorajar seus leitores diante do sofrimento, confirma isso ao nos contar um pouco do contexto dessa história em progressão. Ele afirma que os profetas receberam instrução do alto e que ministravam em prol dos crentes do Novo Testamento (1Pe 1.12). Afirma ainda que Cristo, "conhecido, com efeito, antes da fundação do mundo [foi] manifestado no fim dos tempos, por amor de vós [nós]" (1Pe 1.20). Entender esse fato central para nossa identidade, de que fazemos parte de uma história em progressão, nos ajuda a tirar o foco de nossa história individual, particular, para nos engajarmos ativamente na História da Redenção a nós confiada[20] e ocupar nosso lugar entre os da fé.

Em virtude de nossa permanência no tempo e no espaço, nossa identidade em Cristo também é progressiva no tempo. Esse fato já é visto na forma que essa nova identidade

---

19 Ibidem.
20 Deixamos de tentar "encaixar Deus no filme da nossa vida", para conscientemente assumir a posição de pessoas retiradas de seu próprio drama, a fim de fazer parte "da maior história já contada" (Horton, op. cit, p. 79).

é adquirida. Assim, não é possível haver *novo* nascimento sem que primeiro o velho esteja em vigor, sem primeiro nascermos como homens naturais. Da mesma forma, só pode haver o último Adão por ter havido o primeiro (1Co 15.46). Além disso, só pode haver ressurreição e vida, bem como frutos do Espírito, "se o grão de trigo, caindo na terra (...) morrer" (Jo 12.24-25). Para isso, ele deve estar, em primeiro lugar, vivo. Para que tudo isso aconteça, é preciso haver progressão e ritmo do tempo.

NOSSA IDENTIDADE IMERSA NO RITMO DO TEMPO

O tempo tem seus limites e ritmo. Sabendo que precisamos de constância para nosso caminhar, Deus nos deu o tempo com um ritmo constante. Na Criação, Deus nos deu o dia — composto de um ritmo certeiro, composto de dia e noite — e a semana — composta de sete dias. A semana é um conjunto de dias elaborados que também segue um ritmo. Ritmo de trabalho (seis dias) e descanso (um dia).

Como vimos anteriormente (p. 54), o Senhor Jesus já havia começado a reorganizar o fator tempo, abordando várias vezes o dia de descanso. Como o Senhor da história, ele a estava guiando na direção de algo maior e mais amplo, para um patamar, um entendimento mais profundo da organização do tempo. Além de afirmar que ele é Senhor do sábado, do dia, do tempo, ele, como Criador e Senhor, estava começando a trabalhar no entendimento mais amplo desse dia e de seu significado mais profundo para os chamados seus filhos na História da Redenção. Perceberemos que ele estava começando a preparar seu dia de descanso e o alvo deste no ritmo do tempo, da sequência, do trabalho e do descanso, da semana, e na interpretação do todo.

A ressurreição de Cristo no primeiro dia da semana alterou sua ordem cronológica. Os discípulos agora começaram a se reunir no primeiro dia da semana para festejar o descanso no Senhor (At 20.7), fazendo com que a semana, composta por trabalho e descanso, agora mudasse sua ordem para descanso e trabalho, sem tirar de nós o ritmo. Tampouco tirou de nós o propósito previsto na formação dessa semana; somente mudou sua sequência. Em vez de trabalharmos seis dias para descansar um, ele nos proporciona, dessa feita, trabalhar, a partir do descanso, durante os seis dias da semana que ainda restam. A mudança da ordem da semana pode ser usada como analogia de nosso descanso no Senhor, ao entrarmos nele e assumirmos uma nova postura nas situações adversas. Essa verdade faz parte da renovação do espírito de nosso entendimento. Compreender essa mudança de ordem nos ajuda a entender e agir no descanso do Senhor, convocando-nos a esperar "inteiramente na graça que [nos] *está sendo trazida* na revelação de Jesus Cristo" (1Pe 1.13b).

Entender esse novo ritmo da semana nos ajuda a não ver o dia de descanso como um dia isolado, no qual podemos fazer uma pausa. É importante ver o dia do Senhor como parte da semana, pois, além de tudo o que já vimos, esse dia apresenta traços escatológicos profundos que nos ajudam a trazer à memória o que nos dá esperança (Lm 3.21-22). O domingo é sombra de algo maior, o Dia do Senhor, dia de descanso eterno. O Dia do Senhor como dia de descanso "é um descanso presente, baseado em eventos passados, tendo referência futura e cumprimento no grande Dia do Senhor".[21] Portanto, sua importância vai além do mero descanso e de estar com os membros do corpo de Cristo para comunhão e adoração.

Como seres criados no tempo, necessitamos de um dia de descanso, um dia para repor as forças e para observar, por exemplo, o mandamento de Paulo, de andar "de acordo com o que já alcançamos" (Fp 3.16). Precisamos de um dia para nos abastecer e observar onde nos encontramos e o que já alcançamos. Portanto, o dia do Senhor deve ser parte vital para os que estão em Cristo. É nesse dia que nos reunimos para nos abastecer, ser orientados e receber tanto a lei como a graça, tanto a instrução como o alimento, para continuar no dia a dia e crescer. Também, "neste dia, as ovelhas não são chamadas para tornar o mundo uma passagem mais verde, mas são levadas para as pastagens exuberantes (...) preparadas por Deus".[22] O Dia do Senhor ainda deve ser lembrado como o dia "que participa do domingo eterno, que vai caracterizar todos os dias na era por vir".[23]

Assim, nossa identidade ganha contornos mais definidos quando estamos inseridos em uma história cujo tempo tem seu ritmo próprio, de descanso e trabalho. Isso não somente nos ajuda a compreender a necessidade do descanso, como também nos encoraja a aguardar ansiosamente o descanso final.

O alvo de crescimento em comunidade

Em Cristo, portanto, nosso espaço terreno não muda, mas, espiritualmente, nosso lugar muda de *em Adão* para *em Cristo*.

---

21 Ray, op. cit., p. 91.
22 Horton, op. cit., p. 169.
23 Ibidem.

Paulo nos mostra que o Deus que "nos libertou do império das trevas (...) nos transportou para o reino do Filho do seu amor" (Cl 1.13) e nos fez assentar "nos lugares celestiais" em Cristo, o qual já está "acima de todo principado, (...) e domínio" (Ef 2.1; 1.20-21, respectivamente).

Como pessoas criadas no tempo, é importante lembrar que, assim como uma criança não nasce adulta, também nós, ao nascermos de novo, não nascemos sabendo de tudo. Crescer faz parte de nossa vida nova em Cristo, e é por isso que o apóstolo, ao orar por seus leitores, ora para que Deus os faça crescer (Cl 1.3-10). Esse crescimento não acontece de maneira individual, mas em comunidade, no âmbito da igreja, o corpo de Cristo, em que se congregam aqueles que, como nós, estão em Cristo.

Muitas vezes, em nosso mundo individualista, continuamos achando que o foco é "a nossa pessoa e atividade, em vez de Deus e sua obra em Jesus Cristo".[24] Esquecemos que Deus não é "um personagem coadjuvante no filme da nossa própria vida"[25] e que nós é que nos tornamos parte da história de uma família real. Portanto, quando o Senhor nos recebe como seus, adentramos a família de Deus e, em gratidão, nos oferecemos para "sermos *reescritos* como novos personagens no drama da redenção de Deus".[26] Não podemos montar nossa própria história cristã. Agora, como servos do Senhor, fazemos parte dele e de *sua* história para cumprir uma nova missão. Temos de lembrar que não somos os primeiros, nem mesmo os últimos, convocados a ser luz no mundo e que

---

24 Ibidem, p. 15.
25 Ibidem.
26 Ibidem.

nossas falhas e acertos fazem parte de nosso crescimento em Cristo, tanto pessoalmente como coletivamente. Isso nos ajuda a não entrar em desespero quando erramos. Estamos sendo refeitos em Cristo — e essa verdade nos faz esperar nele para nosso crescimento. Fazemos parte da família da fé — e essa verdade nos mostra que Deus usa os irmãos na fé para nosso crescimento como indivíduos e família quando nos aconselhamos mutuamente (Cl 3.16).

Assim, há outro crescimento acontecendo no tempo que vai além do crescimento individual de cada cristão. É o crescimento da igreja, o crescimento como Família da Aliança, na qual estamos inseridos, o crescimento do corpo de Cristo. Como vimos, encontramo-nos, no tempo e no espaço, "no fim dos tempos", que terá seu ponto derradeiro no dia da vinda do Filho do Homem, quando Cristo nos apresentará perante o Pai "santos, inculpáveis e irrepreensíveis" (Cl 1.20), não somente cada um de nós, mas também sua noiva, a igreja. Para isso, após a morte, a ressurreição e a ascensão de Jesus, os apóstolos, inclusive Paulo, foram incumbidos da tarefa de apresentar "todo homem perfeito em Cristo" (Cl 1.28), ensinando-os a crescer, para que cada um, individualmente, se apresente a Deus aprovado (2Tm 2.15), e a família, como um todo, seja apresentada a Deus Pai.

CRIADOS À IMAGEM DE DEUS

Já examinamos as consequências e implicações para a compreensão de nossa identidade em Cristo pelo fato de termos sido criados no tempo e no espaço. Nesta seção, são abordadas as implicações de nossa criação à imagem de Deus para nossa identidade em Cristo.

O perdão para nossa restauração prática à imagem de Deus

A imagem de Deus, no que diz respeito à nossa identidade em Cristo, começa a ser restaurada com a retirada de nossa condenação. Tem início com o perdão judicial de Deus, em que a condenação nos é retirada (Rm 5.1) e nos tornamos *verdadeiramente livres* (Jo 8.36) para viver em novidade de vida. No entanto, essa verdade parece um pouco remota para muitos de nós que nos encontramos em Cristo. Com frequência, deixamos de compreender a riqueza de nossa identidade em Cristo, visto que ainda nos sentimos condenados.

É importante lembrar que há o perdão judicial de Deus, o qual foi feito e concluído de uma vez por todas, e o perdão paternal de Deus, que, por sermos pessoas situadas no tempo em progressão, "está em curso".[27] Se não entendermos essas duas partes do perdão de Deus, nosso *estar* em Cristo fica abalado, e nosso *fazer*, no mínimo, termina sobre areia movediça. É importante lembrar que Deus já nos perdoou. No entanto, não podemos esquecer que, como Pai, sabendo que somos pó (Sl 103.14), ele está sempre pronto a nos perdoar quando o buscamos (veja o pai do pródigo, em Lc 15.11-32). É preciso lembrar, no entanto, que "o paternal desagrado de Deus",[28] quando incorremos em algum pecado, não significa que o perdão judicial tenha sido perdido, pois, da mesma forma que não deixamos de ser filhos de nosso pai terreno ao errar, também não deixamos de ser filhos de Deus ao pecar (1Jo 1.9).

---

27 Jay Adams. *De perdoado a perdoador: aprendendo a perdoar uns aos outros da forma de Deus* (Brasília: Monergismo, 2015), p. 56.
28 Westminster, capítulo XI, seção V.

Ao nos tratar para nos tornarmos conforme a sua imagem, Deus, como Pai, por vezes retira nossa paz e nos disciplina (Hb 12.4-13), pois, por causa de nossa natureza, nem sempre confessamos nossos pecados de forma espontânea. Somente quando entendermos que essa disciplina não é castigo, e sim correção (Hb 12.6-7), poderemos compreender o desagrado de Deus.

Mesmo sendo seres criados à imagem de Deus, caídos e com a imagem distorcida, Deus nos concede a graça de nos tornarmos parte de sua nova criação. Recebemos nossa nova posição em Cristo, com o poder de sermos feitos filhos. No entanto, como nosso *ser* é composto pelo *estar* e pelo *fazer*, não somente recebemos o poder de sermos feitos filhos e refeitos à sua imagem, mas também, por meio de nossa capacidade de interação com nossa própria alma (veja Sl 42.5, 11; Sl 43.5), condições de[29] viver tanto em novidade de vida (Rm 6.4) como em novidade de espírito (Rm 7.6). Por meio da capacidade de reconhecer que somos nova criação em Cristo e por estarmos inseridos no tempo e no espaço, podemos (e é nosso dever) crescer. Cada um de nós recebe de Deus a capacidade de ocupar seu lugar na história, definida, escrita e determinada pelo Criador (At 17.26; Sl 139.16).

O caráter progressivo da restauração dessa imagem

Ao considerar a verdade de que nosso lugar em Cristo nos vem por meio do novo nascimento (Jo 3.7), e reconhecendo a realidade de que somos seres que vivem no tempo, devemos lembrar que, por termos como Deus um Deus de ordem, nosso crescimento e nosso desenvolvimento espiritual serão

---

29 Com o auxílio do Alto e cientes de nosso lugar na história.

análogos ao desenvolvimento e ao crescimento físico normal do ser humano, e isso em etapas — embrião, feto, bebê, criança, jovem e assim por diante.

A lacuna temporal entre nossa reconciliação com Deus e nossa futura apresentação diante dele nos permite assumir que nosso desenvolvimento espiritual ao longo dos anos ocorre de forma progressiva. Como seres criados à imagem de Deus e livres de sua ira, já *estamos* em Cristo. Como observamos, nosso espaço já mudou, pois em promessa ele nos libertou do império das trevas e já nos transportou para o reino de seu Filho (Cl 1.13). No entanto, é nossa obrigação crescer e viver de maneira digna do Senhor, com o fim de agradar a ele em tudo que fizermos (Cl 1.10). Também é nossa a responsabilidade de chegarmos juntos a essa "perfeita varonilidade, à medida da estatura da plenitude de Cristo" (Ef 4.13). A esperança de chegarmos a essa "medida da estatura", nossa identidade perfeita em Cristo, está no fato de que o próprio Senhor adentra nosso mundo, habita conosco e em nós (Jo 14.23; Cl 1.27). E ele faz isso com o propósito de nos desvendar os olhos, para que, ao contemplarmos sua glória, sejamos nele e por ele "transformados [progressivamente], de glória em glória, na sua própria imagem" (2Co 3.18). Para que isso aconteça, aquele de quem recebemos nossa identidade, cuja base é ele mesmo, nos equipa com a capacidade de trabalharmos na transformação de nossa mente (Rm 12.2) e de nossas ações, com o fim de que entendamos nosso *estar* e, assim, reorientemos nosso *fazer*. Juntos, nosso estar em Cristo e o fazer tudo para a glória de Deus nos darão o equilíbrio necessário para a vida, no intento de restaurar cada vez mais a imagem de Deus em nós. Essa transformação pode ser lenta, mas sempre se fará presente no dia a dia do cristão.

A confiança de que precisamos para trabalhar em nossa identidade em Cristo

O alvo de Deus ao nos fazer seus filhos é que alcancemos a perfeita varonilidade. Sua imagem em nós vem sendo restaurada progressivamente por *seu* poder. Por *sua* vontade e para *sua* glória, estamos sendo santificados por ele (Êx 29.43) e para ele. Nossa confiança de que isso acontecerá está na verdade de que o Senhor mesmo nos criou e nos formou para *sua* glória (Is 43.7). Vemos essas verdades apresentadas em Efésios, quando Paulo afirma que ele mesmo "nos escolheu, nele [em Cristo], antes da fundação do mundo, para sermos santos e irrepreensíveis perante ele" (Ef 1.4). E que "somos feitura dele, criados em Cristo Jesus para boas obras, as quais Deus de antemão preparou para que andássemos nelas" (Ef 2.10).

Nossa identidade está enraizada no Filho desde a eternidade, pois fomos criados "por meio dele e para ele" (Cl 1.16). O próprio Deus nos dá o poder de *sermos feitos filhos* (Jo 1.12) que exibem sua imagem. *Somos* restaurados de forma ativa e criativa para estar em conformidade com a sua imagem e fazer parte de uma nova criação, encabeçada por Cristo. E, em tempos difíceis, a confiança nessa restauração nos é assegurada por Paulo, ao dizer que "todas as coisas cooperam para o bem daqueles que amam a Deus, daqueles que são chamados segundo o seu propósito (...) para serem conformes à imagem de seu Filho, a fim de que ele seja o primogênito entre muitos irmãos" (Rm 8.28-29). Como seres caídos, incapazes de refletir perfeitamente a imagem de Deus por nós mesmos, preferimos nos agarrar ao que Deus fez ou deixou de fazer a aceitar e receber poder do alto e ser trabalhados por Deus para refletir novamente sua imagem. Afinal, é mais fácil somente aceitar a obra de Deus do que arregaçar as mangas a fim de se submeter ativamente ao trabalhar do alto em prol do reino e da nova imagem criada segundo Deus.

Para refletir sua imagem, Deus nos convoca ao trabalho, a fim de que, por meio de sua Palavra, possamos conhecê-lo cada vez mais e, assim, imitá-lo como filhos amados (Ef 5.1). Sabedor de que Deus trabalha para os que nele confiam e que nos tem dado o poder de *sermos feitos* filhos, Paulo mostra em Romanos que todas as coisas cooperarão para nosso bem. Isso porque Deus está trabalhando em nós segundo seu propósito, que é restituir nossa verdadeira identidade como seres humanos em Cristo.

Deus nos chama para sua glória e nos renova por meio de sua providência. Através de circunstâncias, ele nos humilha e nos prova com o propósito de nos fazer bem (Dt 8.16). Assim, ele nos salva por amor do seu nome (Sl 106.8), guia-nos "pelas veredas da justiça por amor do seu nome" (Sl 23.3), assiste-nos pela glória do seu nome (Sl 79.9), age por nós por amor do seu nome (Sl 109.21) e até mesmo nos vivifica por amor do seu nome (Sl 143.11).

O Deus Trino trabalha para os que nele esperam, para os que desejam ser moldados à imagem do seu Filho. É com base nessas promessas, nas quais Deus afirma que trabalha por meio de seu Espírito que em nós habita para nos moldar à imagem de seu Filho, que repousa nossa confiança na restauração de sua imagem em nós.

Mas como Deus trabalha para os que nele confiam, para os que têm essa confiança na graça que nos está sendo trazida? Ele esquadrinha nossos "corações e penetra todos os desígnios do pensamento" (1Cr 28.9b), tornando-os perceptíveis a nós por meio das provas que ele mesmo nos oferece. Dessa forma, ele provoca reações com o fim de saber se o amamos de verdade. Ao nos desesperarmos diante dessas provas, seremos levados a buscar Deus de todo o coração, e ele, por sua vez, se deixará ser achado por nós (Jr 29.13-14; 1Cr 28.9b).

A gratidão que nos invade ao reconhecer sua mão se estendendo em nosso auxílio resultará em andar com Deus, temendo-o e a ele servindo (Dt 13.3-4) de coração,[30] deixando de servir a nós mesmos. Tal forma divina de agir nos mostra como em Cristo temos segurança, pois, por meio das circunstâncias, o Deus Fiel, "que começou [a] boa obra em [nós], há de completá-la até ao Dia de Cristo Jesus" (Fp 1.6). Essa é uma das formas pelas quais Deus "trabalha para aquele que nele espera" (Is 64.4). Deus trabalha por meio da correção e do perdão, ao mesmo tempo que nos torna, ativamente, mais parecidos com seu Filho, com a sua imagem. Assim, adquirimos, progressivamente, maior confiança na restauração de sua imagem em nós.

---

30 "Deus vos prova para saber se amais o Senhor, vosso Deus, de todo o vosso coração e de toda a vossa alma. Andareis após o Senhor, vosso Deus, e a ele temereis; guardareis os seus mandamentos, ouvireis a sua voz, a ele servireis e a ele vos achegareis" (Dt 13.3-4); "o Senhor esquadrinha todos os corações e penetra todos os desígnios do pensamento. Se o buscares, ele deixará achar-se por ti; se o deixares, ele te rejeitará para sempre" (1Cr 28.9b).

CRIADOS EM SOCIEDADE COM UM ALVO

Neste capítulo, já examinamos nossa identidade em Cristo à luz do fato de termos sido criados no tempo e no espaço, e vimos como esse fato impacta nosso crescimento aqui no mundo. Vimos também que um elemento essencial de nossa identidade em Cristo é que somos feitos à imagem de Deus e somos restaurados nessa imagem de maneira progressiva e segura por ele. Agora, vamos examinar mais um aspecto da compreensão de nossa identidade em Cristo neste mundo: o fato de que fomos criados em sociedade e com um alvo.

Quando falamos de nossa identidade em Cristo, é impossível compreendê-la em termos somente individuais. Desde o princípio, Deus nos fez homem e mulher (Mt 19.4). Mais tarde, quando Deus chamou Abraão, o chamado incluiu sua esposa, Sara, pois Deus prometeu que dele faria "uma grande nação" (Gn 12.2). Quando o povo de Israel foi liberto, não foram libertos indivíduos, mas famílias, as quais, juntas, foram chamadas de "meu povo" (Êx 12.3; veja 5.1). E, quando Deus lhes deu instruções, foi para um povo em construção. Suas leis tinham caráter tanto individual como coletivo (Êx 20.3-17).

Em Cristo, não fomos somente chamados para ser salvos da ira de Deus, a qual virá "sobre os filhos da desobediência" (Ef 5.6). Fomos chamados para fazer parte de uma "raça eleita", do "povo de propriedade *exclusiva* de Deus" (1Pe 2.9, itálico meu). Fomos chamados com o fim de proclamar *juntos* "as virtudes daquele que [nos] chamou das trevas para (...) luz" (1Pe 2.9). Sim, *juntos*, porque as virtudes são proclamadas por meio da interação de, no mínimo, duas pessoas.

Assim, por exemplo, para amar, é preciso haver um sujeito e um recipiente a ser amado. Além disso, fomos colocados na família na qual recebemos dons (1Co 1.3-7), com o propósito de ajudar no aperfeiçoamento mútuo, para que *juntos*, em um só corpo, pelo mesmo Espírito, tendo uma só fé e uma só esperança (Ef 4.4-5), o corpo de Cristo seja edificado (Ef 4.12). Essa edificação tem um objetivo: chegarmos juntos à unidade da fé (Ef 4.5,13) e "do pleno conhecimento do Filho de Deus, à perfeita varonilidade, à medida da estatura da plenitude de Cristo" (Ef 4.13).

Nosso Deus é um "Deus de comunhão"[31] que trabalha *nos* seus, *por intermédio* dos seus.[32] Em Cristo ainda, como parte da nova Criação em desenvolvimento, tornamo-nos imitadores de todos que vieram antes de nós. Imitadores de Paulo (1Co 4.16), de Deus (Ef 5.1) e das igrejas que fazem parte do corpo de Cristo (Fp 3.17; 1Ts 1.6; 1Ts 2.14; Hb 6.12), com o fim de que a unidade em Cristo continue sendo vista no mundo. Em Cristo e "na força do seu poder" (Ef 6.10), seremos movidos e moldados "por aquilo que Deus quer".[33] Essa verdade é minada sutilmente pelo individualismo de nossos dias, em que "cada um é movido pelo desejo pessoal".[34]

Em Cristo somos membros uns dos outros e parte de uma família em crescimento

Em Cristo, cada um de nós se torna membro da família de Deus (Ef 2.19). Portanto, não somente eu, mas também

---

31 Lane, op. cit., p. 28.
32 "Habite, ricamente, em vós a palavra de Cristo; instruí-vos e aconselhai-vos mutuamente em toda a sabedoria" (Cl 3.16).
33 Lane, op. cit., p. 28.
34 Ibidem.

todas as pessoas que se encontram em Cristo, *somos* filhos de Deus (Lc 20.35-36) e "objeto do amor da Pessoa que governa tudo que existe para ser governado".[35] Tornamo-nos "herdeiros de Deus [o Criador] e coerdeiros com Cristo" (Rm 8.17), e fomos considerados "dignos de alcançar a era vindoura e a ressurreição dentre os mortos" (Lc 20.35).

No entanto, também nos tornamos dignos de sofrer afronta pelo nome de Cristo (At 5.41). Essa verdade levou o autor de Hebreus a nos admoestar para que nos consideremos, uns aos outros, a fim de nos incentivar à obediência àquele que nos arregimentou (Hb 10.24). Por vezes, torna-se necessário sermos, individualmente ou em conjunto, contristados com provações várias, para que nossa fé seja confirmada e nós sejamos salvos (1Pe 1.6-9). Por isso, em Cristo somos levados a ingressar nessa "verdadeira vocação de segui-lo",[36] não de forma solitária, mas com outras pessoas.[37]

Como salvos em Cristo, somos membros uns dos outros em todos os sentidos, desde a nossa filiação, que se estende a todos os que amam o Senhor, até o alvo de nossa posição em Cristo, aqui e na eternidade, como corpo de Cristo e membros uns dos outros. Como indivíduos, cada um foi criado em Cristo, em quem "tudo subsiste" (Cl 1.17). Como igreja, somos parte do corpo de Cristo, que é a cabeça, o princípio e o primogênito, a fim de que nenhum de nós se glorie, porque o privilégio da primazia é de Cristo (Cl 1.18). Como membros uns dos outros, é preciso nos tratar preferindo-nos em honra uns aos outros (Rm 12.10), pois o Espírito que habita

---

[35] Ibidem, p. 34.
[36] Ferguson, op. cit., p. 567.
[37] Tripp, entendendo esse fato, escreveu seu livro *Instrumentos nas mãos do Redentor*, a fim de nos ajudar a entender como isso funciona na prática.

ricamente em um também habita nos outros. O Espírito da Verdade habita *conosco*, não só comigo, e estará *em nós* (Jo 14.17), não apenas em mim.

Esses fatos parecem óbvios, mas, em uma era individualista como a nossa, essa verdade está, muitas vezes, somente no papel. Muitos de nós, no dia a dia, não nos damos conta de que fazemos parte de um corpo em Cristo, pois estamos muito preocupados com nosso crescer rumo à perfeição *individual*. E esquecemos que, como seres sociais em Cristo, temos de nos ajudar mutuamente nesse crescimento (Rm 12.3-6), com o auxílio do Espírito.

Em Cristo temos um alvo

Em Cristo, *fomos* reconciliados e *fazemos* parte de um grupo de reconciliados, um povo privilegiado que recebe a tarefa de interagir no processo de reconciliação (2Co 5.18-20), para agir e falar "em nome do Rei".[38] Esse povo recebeu "o evangelho das insondáveis riquezas de Cristo, (...) [para que Deus faça conhecida a sua] multiforme sabedoria, [não depois na glória, mas já] *agora*, dos principados e potestades nos lugares celestiais" (Ef 3.10, itálico meu).

Esse é o alvo que Deus estabeleceu para nós, como novas criaturas, pessoas criadas para dentro de uma sociedade, para dentro de uma família, a família da Aliança. Assim, ajuda-nos a assumir nossa identidade prática em Cristo o fato de conhecer e viver à luz desse alvo. Saber qual é o alvo de nossa existência nos dá o propósito de viver em um mundo no qual tudo parece caótico e sem propósito.

---
38 Tripp, op. cit., p. 98-113.

Portanto, além de manifestar a glória de Deus, em Cristo ainda temos como alvo nos tornar bons despenseiros de sua multiforme graça (1Pe 4.10). No texto a seguir, Pedro mostra que o alvo que Deus tem para seu povo é alcançado de forma coletiva, de modo que todos trabalham juntos.

> Acima de tudo, porém, tende amor intenso *uns para com os outros*, porque o amor cobre multidão de pecados. Sede, *mutuamente*, hospitaleiros, sem murmuração. Servi *uns aos outros*, cada um conforme o dom que recebeu, como bons despenseiros da multiforme graça de Deus. Se alguém fala, fale de acordo com os oráculos de Deus; se alguém serve, faça-o na força que Deus supre, para que, em todas as coisas, seja Deus glorificado, por meio de Jesus Cristo, a quem pertence a glória e o domínio pelos séculos dos séculos. Amém! (1Pe 4.8-11, itálicos meus).

Vemos aqui que, em especial dentro da família de Deus, o amor tem como objetivo o outro e a glória de Deus. Em outras palavras, Deus nos fez indivíduos interdependentes, inseridos em uma comunidade, com um alvo: usar nossos dias, nosso tempo e nosso espaço em prol do nosso crescimento conjunto como membros do corpo de Cristo e em prol do crescimento do corpo de Cristo, com o fim de agradar e glorificar a Deus em seu Reino, já aqui neste mundo. Por isso, não devemos desprezar os outros, mas ajudá-los a perseguir essa meta, sabendo que, no final, "todos compareceremos perante o tribunal de Deus" (Rm 14.11-12). "Fomos chamados para encarnar a glória do amor de Cristo na terra,"[39] confrontando

---

[39] Tripp, op. cit., p. 279.

as pessoas com amor, para que o amor e a justiça de Deus sejam vistos na terra. Isso só pode ser feito coletivamente. "Participamos da obra mais importante do universo",[40] a fim de que, no devido tempo, como as águas cobrem o mar, toda a terra se encha do poder e da glória do Senhor (Hb 2.14).

O reconhecimento desse propósito maior de nossa identidade em Cristo deveria nos encorajar a ver o próximo com outros olhos, especialmente quando ele peca contra nós, pois essa ocasião pode se tornar não "uma ocasião para vingança, mas [ocasião] para que Deus seja revelado"[41] e glorificado (1Pe 2.12).

A importância do Dia do Senhor na vida da família de Deus

Viver nossa identidade prática e suas implicações em um mundo caído requer de nós constante renovação da mente e do corpo. Foi para isso que Deus nos deu o Dia do Senhor, dia de descanso, dia no qual renovamos *em conjunto* nossas forças para viver nossa identidade em Cristo.

A comunhão no dia do Senhor, bem como o estudo e a pregação da Palavra, deve nos alimentar e nos preparar para que, em "nossa peregrinação para a Cidade de Deus",[42] tenhamos a capacidade de perseverar diariamente na doutrina dos apóstolos. O encontro do povo de Deus nesse dia nos ajuda a ter "maturidade em Cristo, por meio da participação na vida comum da comunidade da aliança",[43] que nasce na comunhão dos santos e no partir do pão (At 2.42). Nesse dia, o povo de

---

40 Ibidem.
41 Ibidem.
42 Horton, op. cit., p. 176.
43 Ibidem, p. 182.

Deus se reúne, não para passar um tempo em uma espécie de clube, mas, sim, para, convocados pelo Espírito, ser "reconstituídos como o corpo de Cristo, recebendo Cristo como seu Cabeça vivo"[44] e ser "preparados para ser sal e luz nas posições seculares para as quais Deus nos chamou".[45]

Durante toda a semana, Cristo nos serve, banhando-nos, vestindo-nos e alimentando-nos.[46] O Dia do Senhor nos dá a oportunidade ímpar de nos reunir e crescer *em* Cristo e em seu corpo. O culto não é uma oferta da igreja para Deus, mas parte da obra redentora de Deus, pois, por meio da pregação e da exposição da Palavra, o Senhor nos alimenta, para que, a seguir, seu povo saia do culto "para amar e servir o seu próximo por meio das suas vocações normais".[47]

Há muito mais a falar sobre nossa identidade acoplada ao ritmo da semana e ao Dia do Senhor, mas tal não é possível em um livro como este. Aqui é meu desejo mostrar a importância de reconhecermos que nossa identidade em Cristo no tempo e no espaço se encontra intimamente atrelada ao ritmo desse tempo e ao espaço que ocupamos nesse tempo, destacando a importância de nossa identidade unida ao corpo de Cristo. Ao receber uma nova identidade em Cristo, somos tornados parte de seu corpo e, consequentemente, parte de uma história maior, que já está em andamento: a história da *família real em formação*. Uma família feita de coerdeiros, não de competidores, cujo alvo em Cristo é ser um povo que resplandece sua luz nas trevas.

---

44 Ibidem, p. 183.
45 Ibidem, p. 184.
46 Ibidem, p. 184-95.
47 Ibidem, p. 207.

5
Prática

PASSOS PARA UMA ABORDAGEM PRÁTICA

Como vimos, somos seres criados, limitados ao tempo e ao espaço, dentro de uma História em progressão. Fomos criados à imagem de Deus a fim de viver em comunidade com um propósito, um alvo dado a nós pelo próprio Criador. Vimos também que caímos em pecado e que, em Cristo, estamos sendo transformados progressiva e ativamente à imagem do Filho de Deus. Para concluir, portanto, neste capítulo são trazidas ilustrações de como a renovação ativa da mente sobre quem somos pode auxiliar na interação familiar e no âmbito da igreja, para a glória de Deus.

Nesta abordagem prática, vamos fazer uso de oito questões sugeridas por Powlison no curso *Dynamics of Biblical Change*.[1]

As quatro primeiras questões fazem parte do entendimento de nossa identidade em Adão, a qual deve, em primeiro lugar, ser compreendida, para, em seguida, nos despojarmos dela. A quinta questão busca conhecer a identidade de Cristo em meio às circunstâncias. E as últimas questões, com a devida interação com a primeira e a quinta, abordam o revestir-se do

---

1 David Powlison. PDF recebido em 23 de set. 2013 sob o nome de Paul & Philippians Assignment Instructions.pdf. (Glenside: Christian Counseling and Educational Foundation-CCEF, 2013), curso "Dynamics of Biblical Change 1".

novo homem de forma prática — o novo homem que vem sendo "criado segundo Deus, em justiça e retidão procedentes da verdade" (Ef 4.24), portanto na dependência completa do Criador e Redentor.

A primeira questão faz referência a uma circunstância vivida pela pessoa citada. Deve abordar uma circunstância que traz à tona reações diversas, que necessitam ser tratadas. As questões 2, 3 e 4 procuram ver e entender a reação, a crença e o resultado quando vivemos essa circunstância *em* Adão. Assim, a questão 2 procura ver a forma *como* o velho homem age e reage ao abordar a circunstância em questão. A questão 3 procura entender a crença que está por trás dessa ação e dessa reação, ou seja, a *base* sobre a qual a pessoa se encontra ao agir e reagir dessa forma. E a questão 4 observa o resultado das ações e reações na circunstância ocorrida.

A quinta questão procura conhecer o Deus Trino, a fim de entender o lugar de Deus na circunstância em pauta, o que é de grande importância para a *renovação no espírito do entendimento*, a fim de poder ver o todo sob a ótica do Alto.

A sexta questão busca entender a circunstância abordada na primeira, de uma nova perspectiva, agora em Cristo. Propõe, em última análise, começar a entender e crer ativamente na verdade de estar *em* Cristo, e, portanto, observar o mapa em nossa existência, o qual provém de Deus e está em Deus. Assim, a sexta questão nos ajuda a aprender a crer ativamente para, então, mudar, de forma proativa, na dependência do Senhor, as atitudes e reações abordadas na questão 2.

A sétima questão aborda as atitudes, ações e reações tomadas, agora da forma que Deus requer: *em Cristo*.

Prática

E a oitava questão envolve o resultado alcançado quando a pessoa se despe do velho homem, por reconhecer, de fato, sua nova posição *em* Cristo, e, em sua dependência, procura se revestir do novo. Esse resultado é muitas vezes desejado, mas desacreditado e considerado possível somente na vida do outro. Todavia, ao entendermos e exercermos nossa nova identidade em Cristo, esse resultado também pode fazer parte da nossa vida.

As questões são as seguintes:

Q1. Procure abordar uma circunstância difícil.[2]

Q2. O que você faz ao se encontrar nessa circunstância? Como age? Como reage?[3]

Q3. Em quem você crê na hora da circunstância adversa, quem está no controle?[4]

Q4. Qual o resultado? É bom? Desastroso?[5]

Q5. Quem é Deus para você? Também nessa situação?[6]

Q6. Como você deve crer? Como entende a situação à luz de quem Deus é?[7]

Q7. Qual é a sua resposta? Como vai reagir?[8]

Q8. Qual é o resultado?[9]

---

2 Essa primeira questão abordada por Powlison no PDF mencionado na nota anterior procura reconhecer a situação de Paulo sob a ótica de Atos 16.6-40 e Filipenses 1–4.
3 A segunda questão abordada no PDF procura saber a reação imediata, nesse caso, do apóstolo Paulo na situação em que se encontrava.
4 A terceira questão abordada busca reconhecer as crenças e os desejos que tendem a controlar nosso coração, produzindo reações pecaminosas.
5 Essa quarta questão procura entender as consequências a que esse pecado nos leva.
6 A quinta questão procura entender quem Deus é e como esse entendimento de Deus muda o cristão que deseja ser tratado por ele.
7 A sexta questão abordada no PDF busca saber a forma que a mudança se instala no cristão ao reconhecer Deus permeando toda a sua existência.
8 A sétima questão tenta reconhecer o fruto do Espírito.
9 A oitava questão nos leva a procurar reconhecer as consequências animadoras a que a mudança de entendimento e de ação nos leva.

Em geral, as circunstâncias e nossas reações correspondentes nos mostram que a coisa não vai muito bem. No entanto, muitas vezes, somente quando o resultado é desastroso é que decidimos haver chegado o *tempo* de agir. Nessa hora, por vezes, criamos coragem para pedir a ajuda de terceiros ou nos achegamos a Deus, para que nos socorra. Esse fato nos leva, como cristãos, a uma conscientização da nossa dependência do Criador e nossa interdependência com seu povo. Nesse momento, faz bem receber a informação de que *em* Cristo nos encontramos debaixo da providência divina para o nosso aperfeiçoamento. É Deus quem está agindo, concedendo-nos a oportunidade de crescer. Esse fato nos levará, pela fé, e na graça de Deus, a uma transformação ativa. Em grande amor, Deus nos está oferecendo seu poder para sermos seus filhos, cada vez mais parecidos com seu Filho Unigênito. O Espírito de Deus nos capacita a, ativamente, entrar em ação, a fim de nos despir do velho homem e nos revestir do novo.[10] E assim, pela fé, assumimos uma nova postura nas circunstâncias adversas da vida, as quais, então, recebem outro foco. Ao invés de empecilhos para nosso crescimento, elas se tornarão uma alavanca para crescermos em maturidade, em Cristo.

Tentaremos aqui dar dois exemplos práticos de como uma pessoa pode[11] reconhecer em suas ações sua dependência inata do velho homem, *em Adão*, e assim admitir a necessidade de mudança e assumir uma nova postura *em Cristo* de forma consciente, progressiva e segura, agindo ativamente, em conformidade com a identificação da nova Criação, da

---

10 Ele está fazendo com que usemos nossa habilidade de mudança — habilidade com a qual ele mesmo nos criou.
11 Observando suas ações diante de um problema e entendendo sua nova identidade e posição em Cristo.

qual entende que faz parte. É preciso observar que, da mesma forma que o equilíbrio do andar depende da interação harmoniosa de duas pernas, o equilíbrio e a maturidade, tão necessários ao dia a dia do cristão, dependem da interação harmoniosa entre a crença de quem somos, o entendimento de onde nos encontramos e a atitude e a ação que tomamos nas circunstâncias adversas, ou seja, a interação entre identidade *básica* e *prática*, em Cristo.

PRIMEIRO EXEMPLO DE UMA ABORDAGEM PRÁTICA

Vamos rever o caso de Janete. Ela já tinha um entendimento razoável de sua identidade e, portanto, o apoio, sua *identidade básica*, seu *estar* em Cristo. E, ainda que essa identidade não fosse bem entendida, já lhe dava certa estabilidade, pelo menos em tese. No entanto, ela não havia percebido que sua locomoção, sua vida diária, seu *fazer*, se encontravam desacoplados dessa nova identidade. Seu *ser* estava voltado para Deus, mas seu *fazer* estava caminhando na direção oposta. Isso dissipava sua paz pessoal e, nesse caso observado, a paz entre ela e sua filha.

Ela sabia que era de Cristo, sua identidade *básica* estava firmada, porém, por falta do reconhecimento de sua posição em Cristo e do que isso significava para sua vida diária — a identidade *básica* estava desacoplada de sua identidade *prática*, mostrando-se, assim, instável e vacilante. Ela sabia que havia morrido e ressuscitado com Cristo, mas, no relacionamento com sua filha dentro do lar, isso não era evidente. Ela ainda não havia entendido que sua identidade *em Cristo* se externava ativamente até mesmo em sua cozinha. Ela precisava ser lembrada de se considerar propriedade exclusiva de

Deus e de que tudo pertence a ele — tanto ela como sua filha, bem como seu lar. Precisava trazer à memória que oferecer-se ativamente a Deus, dentro dos limites do tempo e do espaço, fazia parte de ser instrumento de justiça (Rm 6.6-13).

Na hora de pedir ajuda, Janete aceitou sua dependência de Deus e interdependência com seu povo. Agora ela precisava dar mais um passo e se engajar ativamente na *troca de identidade* (Ef 4.22-24). Precisava mudar sua atitude em relação ao problema e, assim, mudar o curso de ação e assumir a identidade *em Cristo*, a qual, em tese, já havia assumido. Deus estava oferecendo a ela o privilégio de se engajar ativamente em seu aperfeiçoamento (1Pe 5.10).

Janete precisava ser lembrada de que, como integrante da nova Criação, se encontrava em uma nova posição. Veremos, na aplicação a seguir, que a lembrança de que ela fazia parte da nova Criação[12] a fez aceitar e agir de forma diferente. Essa lembrança se deu por meio de um confronto amoroso, feito por algumas irmãs em Cristo, mostrando que ela deveria repensar seu entendimento sobre o ambiente à sua volta: o domínio sobre o espaço físico no qual ela se encontrava após a conversão também havia sido mudado. Não mais era o *espaço de Janete*, mas o espaço do qual Cristo agora é o Senhor (Sl 103.19). Não mais o espaço dela, mas o de seu Criador e Redentor — espaço do qual ela tomaria conta, nesse caso, ao lado de sua filha, para que não ela, mas o Senhor, fosse exaltado.

Vamos usar, para a progressão prática desse novo entendimento por parte de Janete, as oito questões de Powlison já

---

12 E que, portanto, até mesmo o lugar no qual habitava estava sob o domínio do Criador.

descritas. Janete aceitou a proposta com alegria, o que a levou a experimentar a satisfação de ver um milagre acontecer.

Aplicação 1

Vejamos aqui as oito questões aplicadas:

Janete

Q1. Janete (mãe) e Susana (filha de 35 anos que ainda mora com ela) entram em brigas constantes, e um dos conflitos que mais a apavora é o que tem lugar na cozinha. Na hora de Susana lavar a louça, tudo desanda, e a briga está se tornando insuportável. Janete passou a usar remédio para dormir, pois não consegue conceber a ideia de que Susana, que já não aguenta mais a mãe, esteja a ponto de sair de casa.

Q2. Por mais que Janete mostre à sua filha *como* a louça deve ser lavada em sua casa, Susana não faz o trabalho da *forma correta* e Janete termina tendo de fazer tudo de novo. Ela, Janete, tem tentado enfrentar a situação de várias formas, mas a filha não aprende, e fica cada vez mais irritada.

Q3. Janete acredita que a filha precisa seguir as regras da casa com exatidão. Afinal de contas, a filha está na *sua* casa. Portanto, quem está na *sua* casa precisa seguir *as regras da sua casa*. Além disso, os objetos que estão sendo lavados foram comprados por ela, não pela filha. Ela é *a dona da casa*. O que os outros vão pensar quando perceberem que ela não conseguiu ensinar à filha a forma correta de lavar a louça? Ela crê que *seu* jeito de fazer as coisas é o certo, o melhor.

Q4. Esse embate está destruindo o relacionamento entre mãe e filha. A consequência iminente é a saída da filha de casa. Como evitar esse desastre?

Q5. Janete começou a entender a verdade de Deus como Soberano (At 4.24), seu domínio sobre todas as coisas e sua forma de agir na vida de quem o ama. Entender a soberania de Deus também sobre sua casa e sua cozinha fez com que Janete começasse a ver que a filha não era a vilã. O entendimento sobre sua identidade como serva de Deus começou a mostrar um efeito renovador até mesmo em seu olhar. Reconhecer Deus, seu *modus operandi* e seu alvo de estabelecer tempos e limites para nossa habitação (At 17.26-27) com um propósito maior começou a mexer com ela. Reconhecer que Deus é amor e que aqueles momentos de tensão estavam ali para o seu bem (Rm 8.28-29) a fez parar e lembrar que a circunstância fora colocada ali como parte de seu aperfeiçoamento individual como filha de Deus — um treino para viver em família, em uma casa que estava sob os cuidados do Criador.

Q6. Crer que ela estava no comando destruía a tão almejada paz. Deixar Deus no comando (Fp 4.6-7) e crer que até mesmo o ambiente no qual ela vivia era do Senhor ajudaram Janete a começar a agir sem contendas (Fp 2.14), pelo menos nessa área de sua vida familiar — algo que era praticamente impossível para ela. Reconhecer e compreender sua posição *em* Cristo como luzeiro no mundo caído (Fp 2.15) também a levou a perceber a astúcia do inimigo (1Pe 5.8). Aos poucos, Janete foi reconhecendo que é *a administradora*, e não a *dona*, do lugar que habita. Entendeu ainda que as circunstâncias por ela vividas, o local em que ocorrem, bem como as pessoas envolvidas, tudo isso é usado por Deus para ajudá-la a buscá-lo (At 17.27) e, assim, glorificá--lo, também em seu ambiente familiar.

Q7. Janete continuou dando lugar para sua filha ajudá-la na cozinha. No entanto, não mais como uma supervisora rígida para com um *inferior*, mas como uma mãe amável que percebe a riqueza de ter uma filha, irmã em Cristo, vivendo debaixo do mesmo teto. Uma pessoa, parte da família da Aliança, cuja casa poderia começar a dizer, agora consciente e ativamente, "eu e a minha casa serviremos ao Senhor" (Js 24.15b), dono desse lugar.

Q8. Após três semanas, testemunhamos que, por mais que os dias com sua filha ainda possam trazer alguma tensão, ela não mais sairá de casa.[13] Além disso, seus dias em família e as circunstâncias adversas agora já não serão mais vistos da mesma forma; eles serão encarados com um propósito maior: aprender a servir ao Senhor com alegria (Sl 100.2) e crescer no Senhor, no dia que se chama *hoje*. Deus também começou a agir no coração de sua filha, que começou a aceitar fazer as coisas da forma que a mãe queria, não mais porque a mãe brigava com ela, mas porque começou a aprender a amar a mãe. As discórdias começaram a fazer sentido, e a paz começou a ser estabelecida como alvo entre as duas (Cl 3.15). Os conflitos do dia a dia se transformaram em provas e etapas a serem vencidas.

Nesta aplicação, não entramos na questão da responsabilidade da filha, pois, nesse caso, a mudança de atitude de Janete para com ela resultou em uma melhora surpreendente.

---

13 Pelo menos não pelo motivo citado.

A estrutura do mundo de Janete e os passos rumo ao entendimento de sua posição em Cristo

Janete atribuía, em seu coração, uma importância muito grande ao *seu* espaço — nesse caso, *sua* cozinha. O entendimento prático de seu mundo era muito limitado. Vemos que ela nutria um apreço muito grande por *suas* coisas e *sua* forma de ação, pois uma das coisas que sustentavam o entendimento de sua identidade como perfeita dona de casa e mãe, no mundo individualista e construtivista, era sua cozinha e suas atividades. Seu coração enganoso a cegou, e ela não percebia que suas coisas eram o seu deus e que sua identidade estava baseada em terreno movediço.

Suas coisas, seu lugar e sua forma de trabalho eram mais importantes do que o relacionamento com sua filha e sua posição como filha de Deus.[14] Sua crença de ser bem-vista pela sociedade dependia dela.[15] Ela estava presa ao construtivismo social, em que a mudança constante do mundo de hoje a fazia precisar de algum sustento, algo que não muda, uma semelhança absoluta para sustentar sua identidade em um mundo esquizofrênico — no caso, a estrutura e o funcionamento de sua cozinha. Em um mundo no qual a segurança do ser humano deve ser *obtida* por ele mesmo,[16] o que Janete podia fazer era lutar para continuar de pé. Sua identidade[17] só

---

14 Ela não lembrava que as coisas que tinha, seu tempo e sua própria filha, nada disso era seu, mas, sim, daquele que as libertou do império das trevas e as colocou no reino do Filho do seu amor (Cl 1.13).
15 Seu amor por Deus e seu entendimento de quem ela era em Cristo, filha do Altíssimo, ficaram em segundo plano. Seu alvo era fazer as coisas bem-feitas especialmente para Deus, porém não entendia que, para ele, ser mais parecido com Cristo é o alvo maior.
16 Os Guiness, op. cit., 2017. Tradução livre.
17 Da forma entendida por ela.

não se desintegraria se ela observasse estritamente as regras por ela mesma estabelecidas, pelo menos *na cozinha*.

Olhando para as questões de Powlison em forma de passos dados, o primeiro passo dado por Janete foi reconhecer sua humanidade caída, que se mostrava bastante ativa nos problemas graves pelos quais vinha passando com sua filha. Esse fato a levou a verificar um problema específico por meio do qual ela seria capaz de compreender seu velho homem e trabalhar em prol de seu despir. Ela verificou que havia desentendimentos constantes com a filha que terminavam em brigas infindáveis na cozinha.

O passo seguinte foi procurar entender a forma de esse velho homem se tornar evidente e o motivo para esse desentendimento. Cada vez que o problema ocorria, Janete tentava mudar de tática para conseguir que sua filha fizesse as coisas da forma certa em sua cozinha. No entanto, nenhuma forma era suficientemente boa para convencer sua filha,[18] pois o problema não se encontrava na forma de fazer o trabalho, mas no que regia seu coração.

O passo seguinte foi tentar identificar o que se passava em seu coração para que a briga se tornasse inevitável. Entender aquilo em que ela cria a ajudaria a entender por que essa área de sua vida, a briga na cozinha, nunca tinha solução. A crença? Era ela, Janete, quem estava no controle das coisas. Ela percebeu que estava tentando fazer de tudo para se sentir bem como dona de casa. E não conseguia ficar sem brigar, simplesmente porque acreditava veementemente que estava no seu direito de fazê-lo. A cozinha e as coisas na cozinha

---

18 Isso porque o problema não se encontrava na forma de Janete abordar o assunto, mas, sim, no fato de que ela estava agindo à luz da sua antiga identidade em Adão, fora de Cristo.

eram suas e deveriam ser tratadas da forma que ela desejava — disso, ela não tinha dúvida,[19] e isso lhe trazia segurança. Assim, o terceiro passo que ela se dispôs a verificar foi a posição de seu próprio coração em relação ao fato em questão. A vergonha era grande, mas o medo de perder sua filha era bem maior. Conversando e arrazoando com as amigas do curso de aconselhamento, Janete se deu conta de que seu coração estava voltado ao *seu* pedaço de chão — sua propriedade e sua estabilidade. Ela precisou ser confrontada com a dura realidade de que essa atitude é pecado diante de Deus, pois tudo, em última análise, é do Senhor (1Cr 29.14-16). O entendimento de sua vida cotidiana estava em xeque. "Devo insistir em que minha filha faça as coisas para me agradar, já que ela está na *minha* casa? Posso me dar ao luxo de exigir obediência absoluta?" Ao se reconhecer como um ser social e reconhecer que *tudo* — até mesmo sua cozinha e as coisas nela contidas — é do Senhor, ela começou a perceber que estava transformando sua cozinha e seu modo de agir em um ídolo.

Ao reconhecer que Deus a criara para viver em família e que *seu* pedaço de chão era do Senhor, ela se deu conta de que a quarta questão,[20] que a levaria a um resultado sem volta, não precisava ser verdade. Portanto, assumiu a responsabilidade e decidiu que esse resultado, o quarto passo, estava fora de questão. Ela queria lutar contra essa forma de continuar a vida no lar. Não queria continuar pelo caminho do velho homem. Isso a levou ao quinto passo, para reverter,

---

19 Em um mundo individualista e materialista, esse conceito é bastante válido e aceito sem reservas.
20 O resultado do entendimento errôneo de sua identidade se ela não assumisse, na prática, conscientemente, sua nova identidade em Cristo.

inteligivelmente, a situação. A decisão por mudança levou Janete a aceitar ajuda e a fazer o que fosse necessário.

O quinto passo foi muito importante para Janete, e chegou a ela de forma inevitável. A dura realidade de que ela não tinha tudo sob controle[21] a levou para mais perto de Deus. Ela se deu conta de que a declaração de Jesus — "sem mim nada podeis fazer" (Jo 15.5) — era realmente verdadeira. Janete teve um choque de realidade que a ajudou a aceitar depender do seu Criador, Sustentador e Provedor.[22] Ela, então, começou a encarar a vida e o relacionamento com a filha de outra forma.

Sexto e sétimo passos. O sexto ponto discutido por Powlison é, em última análise, começar a crer de forma ativa — crer que Deus sabe melhor e, portanto, confiar em sua direção para a vida. Entendendo sua identidade *em* Cristo, Janete reconheceu o propósito maior de Deus ao deixar que ela passasse por provações. A crença de que ela tomava conta de tudo foi substituída pela crença de que tudo que ela tem é do Senhor e que ele sabe o que é melhor para ela. Além disso, ela conseguiu descansar na provisão de Deus para sua identidade. Não dependia mais dela mesma, mas daquele que a criara. E, se o lugar era dele e ela era apenas como o mordomo dali, passaria a tomar conta de sua cozinha à maneira dele. Esse foi o sétimo passo.

O oitavo passo — a consequência de sua mudança de atitude e ação na cozinha — foi a paz entre mãe e filha, pois ela agora tinha um alvo maior: glorificar a Deus em tudo, especialmente nas horas em que as coisas não caminhavam

---

21 Veja o desentendimento com sua filha.
22 Janete precisou reconhecer Deus como Criador, Sustentador e Provedor de sua vida e de seu lar.

do jeito dela. E, quando começa a brigar de novo e querer desistir de tudo, ela é acalentada com a verdade de Cristo, que diz: "Tende bom ânimo, eu venci o mundo". A *vitória final* é certa.

Assim, com a ajuda das oito questões de Powlison,[23] Janete pôde começar a perceber o entendimento equivocado de sua identidade. Também pôde perceber que o entendimento correto de sua vida *em* Cristo faz uma diferença muito grande em seu dia a dia. Uma circunstância nefasta foi usada pelo próprio Deus para ajudá-la a reorientar seu entendimento e usar, na prática, o texto de Efésios 4.22-24. Ela não só entendeu a urgência de seu despir do velho homem, como também percebeu a importância de renovar o entendimento de quem ela é *em* Cristo, para, assim, se revestir, de forma inteligente, do "novo homem, criado segundo Deus" (Ef 2.24).

Nesse exemplo simples, é possível ver *como* o entendimento correto de nossa identidade em Cristo e de nossa posição nele muda vidas e nos faz um no Senhor. Vemos também que nossa identidade em Cristo e a importância de seu entendimento no dia a dia só podem ser percebidas quando a identidade básica e a prática se encontram e caminham juntas. Assim, seremos, ao lado dos demais membros da família da fé, visivelmente chamados de "raça eleita, sacerdócio real, nação santa, povo de propriedade exclusiva de

---

23 Ajuda intensiva com o fim de exercitar nossa identidade prática e obedecer ativamente aos mandamentos descritos por Paulo em Efésios 4.22-24. Essas questões nos ajudam, de forma bastante prática e proativa, a nos despir conscientemente do velho homem, a nos renovar ativamente no espírito do nosso entendimento e a nos revestir do novo homem criado segundo Deus de forma bem prática. Observamos, por meio dessas questões, de forma rica, como Deus efetua em nós tanto o querer como o realizar segundo a sua boa vontade (Fp 2.13).

Deus" (1Pe 2.9a), e proclamaremos juntos, diária e conscientemente, "as virtudes daquele que [nos] chamou das trevas para a sua maravilhosa luz" (1Pe 2.9b).

Alguns fatores que provavelmente levaram Janete à situação em análise

Ao observar os acontecimentos na cozinha de Janete, é possível chegarmos às seguintes conclusões:

1. Ela acalentava em seu coração uma importância muito grande por seu espaço. Seu mundo era muito limitado, e ela nutria um apreço muito grande por *suas* coisas e por *sua* forma de ação. Ela não compreendia a grandeza do Deus a quem ela amava e adorava.

2. Ela acreditava que sua forma de ver o mundo era a melhor. Portanto, deveria ser assumida por aqueles que estavam sob sua supervisão. Isso mostra a realidade do mundo individualista e construtivista no qual ela vive.[24]

3. Ela acreditava que era *ela* quem precisava reger tudo para que as coisas não desandassem em sua casa. Em algum sentido, essa crença era uma forma de assumir a posição de *salvadora*.

4. Suas ações se baseavam na crença de que as coisas eram dela e até mesmo a filha era dela e, portanto, era ela quem estava no comando da situação. Ela deveria ser respeitada em todos os aspectos. Janete se perdera no mundo individualista e materialista.

5. A teimosia do coração enganoso (Jr 17.9) não permitia que Janete visse sua ação desastrosa frente a problemas

---

[24] O que é reconstruído por mim é bom e deve ser aceito sem rodeios.

tão ínfimos. Seu mundo, por ser pequeno à luz de sua crença, transformara problemas pequenos em problemas gigantescos.

Alguns conselhos que podem ajudar Janete a continuar crescendo em Cristo

1. Mostrar a Janete que o mesmo entendimento que a ajudou a resolver sua situação imediata[25] a ajudará a olhar o mundo ao seu redor de uma forma diferente. E o entendimento de que Deus concede dons distintos a pessoas distintas a ajudará a incentivar outros a crescerem em suas respectivas áreas de atuação no reino de Deus. Assim, ela não somente entenderá que o lugar no qual se encontra é de Deus, mas também reconhecerá que a pessoa com quem ela interage no dia a dia faz parte da vida social programada por Deus. Ao reconhecer que ela é uma líder nata,[26] poderá crescer na graça e no conhecimento de Deus e servir ao Senhor de forma mais rica e sábia, consciente de suas limitações — e muito mais consciente de sua dependência de Deus, em Cristo.

2. Ajudar Janete a aceitar um discipulado mais de perto, para que ela possa continuar crescendo no entendimento de sua identidade em Cristo, tanto em teoria como na prática. Cumpre lembrar-lhe que isso é importante porque, entre outras coisas, as brigas que ela tem enfrentado não terminarão de uma hora para outra. Outras irmãs passam pelas mesmas dificuldades e, portanto, poderiam exercer a instrução e o conselho mútuos enquanto crescem na graça e no conhecimento de nosso Senhor Jesus. Vale considerar que todos nós,

---
25 O entendimento de que Deus é o dono de tudo (Rm 11.36).
26 E está se preparando inclusive para ser conselheira.

que estamos em Cristo, estamos *em construção*. Deus está trabalhando para nos dar um fim glorioso.[27]

3. No discipulado, seria valioso mostrar a Janete a importância de seu crescimento na graça e no conhecimento de nosso Senhor Jesus Cristo, assim como a importância de ver sua filha como parte integrante e ativa da família de fé. Uma ideia prática seria levar Janete a ter coragem de deixar sua filha preparar um almoço para ela, lembrando-lhe que a filha também precisa crescer nas áreas em que tem aptidões. Isso ajudaria tanto mãe como filha a se tornarem mais "um no Senhor" na vida diária, além de ajudar a Janete a se fortalecer na fé e não depender mais de si mesma para sua segurança, pois sua identidade está em Cristo, e não nas coisas que ela faz, do jeito que ela faz.

4. Como Janete está estudando com o fim de se tornar conselheira, poderíamos aconselhá-la a entrar em um pequeno grupo de mulheres, no qual ela possa dar continuidade ao seu crescimento no Senhor, em união com a família da Aliança. Deve ser um grupo em que as mulheres possam caminhar mais próximas umas das outras e compartilhar suas lutas e vitórias; um grupo de mulheres que queiram obedecer à ordem de se instruir e aconselhar mutuamente em toda a sabedoria (Cl 3.16), dispostas a se tornar "instrumentos nas mãos do Redentor", talvez lendo e estudando, individualmente e em conjunto, de forma prática, o livro de Paul Tripp que leva esse nome.[28]

---

27 "Eu é que sei que pensamentos tenho a vosso respeito, diz o Senhor; pensamentos de paz e não de mal, para vos dar o fim que desejais" (Jr 29.11).
28 Tripp, op. cit.

SEGUNDO EXEMPLO
DE UMA ABORDAGEM PRÁTICA

O exemplo anterior foi um caso prático em família. Entre tantos outros casos possíveis, vejamos a seguir apenas mais um: um exemplo na Família da Aliança.

Não são poucos os pastores que querem servir ao Senhor de todo o coração, mas que, com o passar do tempo, se sentem incapacitados, frustrados e abatidos, chegando, por vezes, a entrar em depressão e até mesmo a se desesperar da própria vida. O entendimento de sua própria identidade em Cristo e de que Deus está trabalhando progressivamente em prol de um fim glorioso pode ser de grande ajuda ao pastor. Pode ajudá-lo, por exemplo, a ver os problemas e as dificuldades como meios dados por Deus para trabalhar ativamente na santificação, e não como um sinal de incapacidade para o ministério; além disso, pode ajudá-lo a lembrar que até mesmo o tempo supostamente *perdido* por sua falta de entendimento faz parte do crescimento dele e da igreja na qual se encontra.

Consideramos aqui um pastor cuja vida é totalmente dedicada ao ministério e que começa a definhar por causa de problemas que ele não é capaz de resolver, tornando-se, assim, um pastor frustrado com seus erros. Desfrutaremos a riqueza das perguntas trazidas a nós por nosso irmão que se encontra em Cristo, David Powlison.

Aplicação 2

Pastor Cleiton

Q1. O pastor Cleiton não sabe mais o que fazer. Sua igreja não é muito grande, portanto os adolescentes e jovens estão juntos nas atividades da semana. Ele já tentou juntar o grupo com noites de pipoca, encontros de música e muitos outros eventos. Mas, quando falta criatividade, todos vão embora ou ficam reclamando porque estão sendo esquecidos. Até os pais reclamam que o pastor não está fazendo tudo o que pode para que seus filhos permaneçam na igreja. O pastor se preocupa com a possibilidade de perder os poucos membros que ainda tem. Como fazer para os membros se interessarem pela vida da igreja? Desistir não é uma opção, porque ele não tem como encontrar outro emprego. E agora?

Q2. O pastor tenta de várias formas "servir ao Senhor com alegria" (Sl 100.2a). Tenta de tudo para *atrair* os jovens e adolescentes, até mesmo com lanches especiais depois dos cultos. Enquanto isso, o tempo para preparar os sermões e pastorear o rebanho está ficando insuficiente, e a reclamação também começa a vir do outro lado. Percebeu com tristeza que a vida não é um mar de rosas. Para dizer a verdade, é o oposto, cheia de lutas e desafios constantes. Ele tem tentado de todas as formas resolver o problema, mas nada satisfaz. Ele está falhando feio e já não encontra mais escape.

Q3. O pastor e os membros de sua igreja acreditam que é ele, o pastor, o responsável pela frequência e conversão de seus membros, e que é preciso fazer de tudo para que os membros permaneçam na igreja e não se percam. Acreditam que os eventos tiram seus jovens da rua e, assim, são cristãos melhores. Pelo menos não estão em *outro lugar*; estão juntos daqueles que professam Cristo. Creem que o pastor é um servo do qual Deus depende para dar andamento e crescimento à igreja local.[29] Sem ele, a igreja e o rebanho de Deus podem se dispersar, e a culpa será do pastor. A crença por trás desse desespero de *fazer* é que "a 'carne religiosa' [este] sempre desejará prestar serviços a Deus. (...) [e acredita que] quem não serve a Cristo é reprovado".[30]

Q4. Mesmo com toda a capacidade de inovação do pastor e de outros membros da liderança, o grupo de jovens e adolescentes está diminuindo assustadoramente. Uns saem porque não há mais *novidades*; outros, porque não é esse seu interesse maior e o pastor deveria saber fazer melhor. Para aqueles, até mesmo as novidades não trazem mais satisfação; mas estes, que querem servir ao Senhor, não se sentem desafiados em seu crescimento. A estagnação não anima. O pastor entra em desânimo e desespero. Já não tem nem mesmo tempo para sua própria família, que também já está ficando desanimada. O povo começa a se rebelar,[31] pois estava servindo a Deus, fazendo o necessário "para que seu poder (...) [estivesse à sua] disposição para nosso[seu] benefício".[32] E o pastor estava trabalhando para ser aceito por Deus, a fim de receber algo em troca.

Q5. O que deveriam, tanto pastor como igreja, saber sobre Deus? Deus é o Todo-Poderoso. É preciso reconhecer que Deus é o único e suficiente "Provedor todo-poderoso".[33] "Tudo foi criado por meio dele e para ele" (Cl 1.16). Deus é o Criador. É preciso reconhecer que aquele que nos criou,

---

29 John Piper. *Irmãos, nós não somos profissionais* (São Paulo: Shedd Publicações, 2009), p. 56.
30 Ibidem, p. 58.
31 Pois um servo que inicia "uma parceria com o Senhor Celestial... (acaba se rebelando) contra o Criador". Ibidem.
32 Ibidem, p. 59.
33 Piper, op. cit., 2009, p. 55.

e para quem fomos criados, ele mesmo nos liberta do império das trevas e nos transporta para o reino do Filho de seu amor (Cl 1.13) e nos dá vontade de prosseguir na hora dele, do jeito dele. Ele trabalha para os que nele confiam. Deus é amor. É preciso crer que os pensamentos do Senhor são mais altos que os da igreja em questão. O alvo que ele tem para seus filhos é sua felicidade — mas não a felicidade passageira; seu alvo é a felicidade eterna. Deus é confiável. É preciso crer que Deus trabalha para os que nele confiam. Isso também implica o trabalho de santificação. Pastor e membros precisam desesperadamente reconhecer que Deus é o doador da vida e da alegria. No entanto, por causa da Queda, é uma alegria que deve passar pela cruz e não nos pode ser oferecida pelo pastor local, nem pelas atividades na igreja. Em um mundo individualista e hedonista, enquanto a igreja não começar a ver e entender sua identidade em Cristo também como família, será mais um templo de atividades sem Cristo, tentando desesperadamente agradar a Cristo por suas próprias forças.

Q6. O pastor começa a ver a grandeza de Deus e reconhecer sua parte no corpo de Cristo: ele não é a cabeça; *Cristo* é. Ele começa a reconhecer inteligivelmente que não é o doador da vida, nem da alegria perene. Só o que ele pode fazer é dar migalhas, as quais ele não pretende dar mais. Ele percebeu que dar migalhas não traz crescimento; pelo contrário, impede o crescimento saudável que vem de Deus. Ele assume a sua postura de servo que se respalda e espera nas misericórdias do Senhor.[34] Ele deixa sua postura de servo

---

34 Piper, op. cit., 2012, p. 58.

do qual Deus depende, para se assumir como um servo dependente de Deus.

Q7. O pastor começa a *esperar* no Senhor e em sua ação no coração de seus ouvintes enquanto procura ser fiel na exposição da glória e da majestade de Deus e do entendimento de nossa identidade em Cristo. O pastor começa a reconhecer sua identidade em Cristo e sua posição como filho de Deus e integrante de sua família, e começa a engajar os jovens e adolescentes em um entendimento maior de Deus. Reestrutura as reuniões para jovens e adolescentes, e começa expondo a Palavra de forma criativa. O pastor começa pelos estudos em Gênesis 1–4 e Romanos 8, além de outras passagens que possam ajudar a igreja a crescer na fé e no conhecimento de Deus, e passa a conduzir os mais novos a entenderem, por si mesmos, sua própria identidade naquele que é tudo e é sobre todos.

Q8. O resultado? Alguns membros sairão da igreja porque não há recompensa imediata para seus desejos carnais, mas o pastor já não se desespera. Pois outros, entre eles, os escolhidos por Deus (não pelo pastor) para serem conformes à imagem de seu Filho,[35] ficarão, por terem sede de justiça e da Palavra e do conhecimento de Deus. A igreja pode não crescer em tamanho, mas, aos poucos, ele verá o fruto de seu trabalho. Verá um crescimento e um amadurecimento do povo de Deus que lá congrega, em especial entre aqueles que procuram um bem maior,[36] a alegria da vida eterna e de conhecer seu Criador.

---

[35] Não simplesmente para ter um bom tempo e dizer que frequenta uma igreja.
[36] Trabalhar para o Senhor deve ser feito com vistas ao "hedonismo cristão" (Piper, op. cit., p. 61).

Prática

A estrutura do mundo do pastor e os passos dados rumo ao entendimento em Cristo

Vemos neste exemplo a dificuldade do pastor com o hedonismo, o individualismo, o imediatismo e o construtivismo. O pastor sabe que os membros da igreja são seres sociais vinculados ao tempo[37] e ao espaço.[38] Sabe ainda que são seres morais[39] que, por terem sido criados à imagem de Deus, têm um alvo intrínseco bastante elevado, a felicidade perfeita ditada pelo hedonismo, e não vão aceitar menos que isso. A condenação virá. Portanto, por ele mesmo estar preso a um mundo individualista e de autoajuda,[40] tenta de alguma forma satisfazer ao desejo dos membros com eventos cada vez mais *perfeitos*. No entanto, não percebe que está tentando fazer a mesma coisa que Adão e Eva: cobrir seu desconforto, sua nudez, sua incapacidade, com folhas de figueira. Nesse caso, cobrir o desconforto[41] com eventos intermináveis.

Enfrentar embates e confrontos com seu próprio coração, ser luz para invadir o coração de seus ouvintes com a Palavra e expor o ser humano caído, tudo isso é algo impensável.[42] No entanto, tirar os eventos[43] e continuar só com a pregação

---

[37] Que nos dias de hoje vem sendo bombardeado pelo imediatismo.
[38] Que, nesse caso, no contexto da igreja, é a congregação de indivíduos exigentes, individualistas, congregação da qual ele é o pastor.
[39] Que vão tentar culpar, de qualquer coisa que não seja bem-feita, o pastor.
[40] Um mundo no qual ele, como pastor, precisa conquistar sua própria dignidade diante da congregação.
[41] Deixar de ir ao encontro do imediatismo e parar para entender mais a fundo a Palavra de Deus.
[42] Pois ele sabe que não é perfeito e não pretende mostrar suas fraquezas diante da congregação. Nem pretende enfrentar pessoas difíceis que existem ali. Mostrar suas fraquezas seria uma manifestação de vergonha. Os da congregação veriam sua imperfeição e chamariam outro pastor para satisfazer à vontade da maioria. Enfrentar as pessoas difíceis e descobrir e tratar seus pecados era algo impensável. Ele seria bombardeado, o que resultaria na sua expulsão por parte dos membros mais fortes.
[43] Que só servem para encher o tempo.

da Palavra, crendo que as pessoas devem seguir o Senhor só para não entrar em condenação, também não o levará a frutos duradouros, ou, se houver frutos, serão bastante frágeis, pois a sensação de condenação constante remove do cristão a alegria da própria salvação.

É preciso lembrar que fomos feitos para uma felicidade plena, não momentânea, fomos feitos para ser felizes sem pecado e em harmonia com o Criador. *Felizes para sempre,*[44] entendendo e enaltecendo a grandeza de Deus, assumindo nossa pequenez e dependência do Criador. Isso, sim, nos ofertará uma felicidade duradoura. Quando o pastor começou a entender sua identidade em Cristo[45] e entender e crer que Deus trabalha, deu-se conta de que sua segurança começou a se firmar no lugar correto, em Deus. Começou a entender e assumir, na prática, sua verdadeira identidade *em* Cristo.[46] Percebeu também que estava mais livre[47] para ir ao encontro dos jovens, agora de outra maneira e com outro objetivo, desafiando os jovens a viver vidas puras, mesmo em meio a zombarias, e a usar a capacidade que tinham em prol do Reino de Deus.[48] Começou a entender e aceitar sua própria pequenez diante da grandeza de seu trabalho como pastor e a depender de Deus também no que diz respeito ao crescimento da igreja. Começou a pregar sobre a beleza da Criação e a identidade do ser humano como criaturas criadas para uma interação desafiadora com o próprio Criador. Começou a mostrar a Queda e a Redenção por meio do sangue. Começou

---

44 Piper, op. cit., p. 61-8.
45 Como membro, parte da família da Aliança, criado no tempo e no espaço para crescer com os da fé no lugar em que foi colocado para liderar.
46 Não em si mesmo e na aprovação que receberia de suas ovelhas.
47 "Se, pois, o Filho vos libertar, verdadeiramente sereis livres" (Jo 8.36).
48 Reino que já se encontra entre eles e do qual eles têm o privilégio de ser embaixadores.

a mostrar que, como coroa da criação de Deus, podemos ser ativamente diferentes num mundo caído e em trevas. Começou a desafiar os jovens a entenderem o que é viver *em* Cristo e o que significa, na prática, fazer parte da família da Aliança e ser embaixadores do Reino de Deus.

Não percebeu muita mudança no começo, mas não estava mais tão preocupado com isso. Ele sabia agora que Deus tem tempo e modo para tocar no coração dos seus e que não está atrás de ver seus filhos *mostrarem serviço*;[49] Deus quer corações que estejam prontos a servir quando forem convocados pelo Rei dos reis e Senhor dos senhores. Aos poucos, ele foi começando a ver uma luz de esperança quando um jovem veio a ele e disse: "Pastor, o que faço para entrar no ministério? A grandeza de Deus deve ser espalhada e eu quero fazer parte desta obra grandiosa!". O pastor, então, se deu conta de que sua dependência do Senhor faz muita diferença. Não é ele que converte, chama e santifica. Não é ele que vai encher a igreja. E ele aprendeu a deixar isso nas mãos de Deus e pôde descansar. Até pôde tirar mais tempo com sua família, que vinha sentindo tanto sua falta. A desesperança desapareceu de seu coração.

Alguns conselhos que podem ajudar o pastor a continuar crescendo em Cristo

No caso do pastor que percebeu seu lugar em Cristo,[50] é importante lembrar que, com os membros de sua igreja, acontece a mesma coisa. Eles somente serão capazes de agir

---

[49] É importante observar que, neste mundo ativista, há uma necessidade grande de aprender a se oferecer a Deus e não somente servi-lo como se ele precisasse ser servido por mãos humanas. Pois não é servido por mãos humanas. Atos 17.25; Piper, op. cit., p. 56. O coração humano é tão enganoso que "o serviço pode ser um ato de rebeldia" (Piper, op. cit., p. 55), inclusive da parte do pastor.
[50] E que está tentando não depender de terceiros, mas de Deus, para sua felicidade.

de forma diferente após um entendimento mais profundo de sua identidade em Cristo e de como Deus trabalha para os que nele confiam. A renovação do entendimento de quem os membros são em Cristo vai acontecendo aos poucos.

Expor um livro como Efésios pode ajudá-lo a cuidar do rebanho. Em oração e com entendimento, o pastor pode ser instrumento de poda nas mãos daquele que o colocou à frente do rebanho, no lugar em que se encontra. O pastor vai percebendo gradativamente que buscar a Deus e obedecer à sua vontade será, cada vez mais, algo desejável no meio de sua congregação. Ele verá que a tentativa de *mostrar serviço* é substituída, aos poucos, por viver e trabalhar para o Senhor, servindo a ele com alegria (Sl 100.2). Os membros levarão os fardos uns dos outros (Gl 6.2), em vez de se condenar, provocar e devorar mutuamente (Gl 5.15, 26), e o peso da responsabilidade será compartilhada. A ansiedade de fazer tudo para ser bem-visto será substituída por oração e gratidão. Ser um embaixador que proclama o reino vindouro por meio de vidas bem vividas diante de Deus se tornará um alvo comum.

Nas horas difíceis da vida do pastor, em família ou no ministério, é importante *crer* que Deus usa o sofrimento que bate à porta. Nessas horas, ele nos oferece por vezes "um breve instante [de lucidez onde] (...) a névoa de nossa insensata segurança se dissipa",[51] para, por meio dela, nos dar o privilégio de enxergar "o inequívoco precipício da eternidade à distância de um passo, (...) momentos perfeitos para o realismo pastoral".[52] É de grande importância que o pastor lembre, em especial nessas

---
51 John Piper. *Irmãos, nós não somos profissionais: um apelo aos pastores para ter um ministério radical* (São Paulo: Shedd Publicações, 2012), p. 7.
52 Ibidem.

horas difíceis, que o verdadeiro cristianismo não é "normal e seguro (...) [mas] insensato e perigoso",[53] embora o porto seja seguro. Crer que está *em* Cristo, e não trabalhando *ao lado* dele, fará com que o pastor se sinta desafiado a confiar, pois ele é somente "o parceiro dependente desse negócio. Seu trabalho é esperar pelo Senhor",[54] enquanto continua crescendo e trabalhando para ele. O pastor precisa estar ciente de que Deus quer homens que confiam em *sua* sabedoria (Pv 3.5) e esperam *nele*, que lançam sua ansiedade sobre *seus* ombros.[55] Homens assistentes que esperam, mas sempre prontos para a ação. Homens que esperam olhando para a mão de Deus para ver onde ele quer usar seu servo fiel.

O pastor precisa lembrar que o imediatismo de hoje faz com que o hedonismo cristão descrito por Piper[56] seja difícil de aceitar e pareça até mesmo irreal, simplesmente pelo fato de não termos a resiliência de esperar a felicidade no porvir. Assim, sem o entendimento mais profundo de nossa identidade em Cristo, e sem a prática desse entendimento nas coisas pequenas da vida,[57] a alegria que nos espera no futuro está muito longe e se torna pouco desejável. Portanto, o problema para se ajudar alguém a querer assumir sua postura em Cristo, nos dias de hoje, por vezes "não é o desejo de contentar-se, mas o modo fácil como se contentam"[58] e a quantidade de coisas que temos para nos dar prazer. Portanto, algumas vezes, faz-se necessário orar por problemas básicos, a fim de tornar a vida do crente mais difícil e, assim, encontrar uma abertura para

---

53 Ibidem.
54 Ibidem, p. 56.
55 Ibidem, p. 57.
56 Ibidem, p. 61-8.
57 Veja a importância do exemplo de Janete.
58 Piper, op. cit., p. 67.

conversar sobre a realidade maior junto ao Criador. Até mesmo esses probleminhas são obra de Deus na vida daqueles que ele quer tirar das trevas para sua maravilhosa luz.

O que devemos crer como igreja?

Ainda que tenhamos sido feitos para ser felizes, o sofrimento faz parte de nosso crescimento como filhos de Deus. Deus dá a cada uma de suas ovelhas individualmente o poder de se tornar filho. Para isso, muitas vezes, ele usa dificuldades que não conseguimos superar para que desistamos de nossa própria força e nos humilhemos sob a poderosa mão de Deus. Assim, no tempo oportuno, ele nos exaltará (1Pe 5.6). A verdade contida no entendimento de nossa identidade em Cristo nos leva, se nos humilharmos, a obedecer com mais tranquilidade ao mandamento seguinte, dado a nós pelo apóstolo Pedro: lançar sobre nosso Senhor toda a nossa ansiedade, sabendo que ele tem cuidado de nós (1Pe 5.7).

Devemos crer e aceitar que somos feitos para viver em sociedade e com um propósito: a glória de Deus. Em um mundo individualista, é importante não esquecer que até mesmo o pastor faz parte da família da fé. Ele não precisa se sentir só na tarefa de pastorear o rebanho. E ele não é o salvador. Ele faz parte do corpo, e seu crescimento e amadurecimento também estão em andamento. Reconhecer que somos seres sociais nos ajudará a lembrar que é impossível e proibitivo ao pastor resolver os problemas sozinho. A ajuda e as orações da igreja são cobiçadas especialmente porque, na condição de pecador e de um ser humano caído como outro qualquer, portador de um coração enganoso, ele pode até mesmo fazer parte do problema.

Crer que Deus está construindo sua igreja a ajuda a não se firmar no imediatismo de nossos dias, o qual se torna desanimador. A vontade de ver os outros de sua igreja perfeitos os levará ao aconselhamento mútuo (Cl 3.16), em prol do crescimento de *sua* igreja. A paciência e a resiliência estão em queda, e é muito fácil desistir de alguém do rebanho, por exemplo, simplesmente por achar que essa pessoa *já deveria saber*. É fácil esquecer que Deus trabalha no tempo e de forma progressiva. E que ele trabalha em cada vida de forma única.

Por último, é importante que tanto o pastor como os membros da igreja, todos os que se encontram em Cristo, se lembrem de que estamos nos últimos tempos da história deste mundo como o conhecemos e da História da Redenção. Isso é importante quando os problemas surgirem e percebermos que Deus não tem a intenção de nos livrar da fornalha ardente. Lembremo-nos de que nos encontramos nos últimos tempos, e haverá desentendimentos que não encontrarão solução.

Que cada um seja encontrado fiel! Cabe lembrar e enfatizar que nosso descanso "não se encontra no fato de que somos mais que vencedores, ou que somos libertos da ira de Deus. Nosso descanso está em nossa posição *em* Cristo". Entender que nos encontramos em uma História em andamento nos leva a aceitar com mais facilidade que nem tudo será colocado em ordem enquanto vivermos. Deus tem seu dia específico para isso: a vinda do Senhor Jesus. "Bem-aventurados os que têm fome e sede de justiça, porque serão fartos" (Mt 5.6). Enquanto isso, cresçamos juntos no Senhor. Sejamos "imitadores de Deus como filhos amados" (Ef 5.1) na sua força, a fim de que Cristo cresça.

Considerações finais

Ao procurar entender quem somos como pessoas, onde nos encontramos e como nos identificamos, concluímos que vivemos em uma realidade que nos é imposta. O fato é que fomos *criados* seres humanos, inseridos no tempo e no espaço, com uma semelhança a nós conferida, imersos em uma sociedade. Isso nos faz entender que nos movemos dentro de uma história com um alvo, que estamos presos ao desejo individual de encontrar, cada um de nós, uma semelhança absoluta, por meio de comparações e do apreço de outras pessoas. Essa busca por uma semelhança, combinada com o desejo de conquistar um alvo, influencia, em boa parte, as decisões que tomamos e, portanto, a forma que vamos agir.

Esse entendimento nos leva a uma segunda conclusão. Há uma importância profunda no entendimento correto de nossa identidade *em* Cristo, pois, ao nascermos de novo, passamos de uma realidade encontrada em um mundo criado, caído e em trevas, governado pelo ser humano e encabeçado pelo pai da mentira (Jo 8.44), para outra realidade — a realidade de um mundo que vem sendo recriado, fundamentado *em* Cristo e regido pela luz, cujo governo é encabeçado pelo próprio Criador, pela verdade (Jo 14.6). Portanto, saímos de uma realidade firmada sobre uma mentira ("sereis como

Deus", Gn 3.5) — uma realidade construída sobre areia movediça, fluida e incerta de seu futuro, na qual reina o *eu* tentando encontrar felicidade imediata, uma semelhança que nunca poderá ser absoluta — e adentramos uma realidade firmada na verdade, sobre a rocha, cujo reino está sobre os ombros daquele que venceu (Is 9.6), o ser humano perfeito (Hb 7.28) — uma realidade em que a felicidade é eterna, a semelhança absoluta é certa e o futuro é espetacular, inimaginável.

O reconhecimento dessas duas realidades nos leva a concluir que é impossível viver *em* Cristo, na verdade, com o entendimento inato a nós — o entendimento de um mundo caído, baseado na figura do primeiro Adão, e que tem a mentira (areia movediça) como fundamento. Portanto, é preciso parar para reconhecer e *entender* a identidade do perfeito, bem como nossa identidade nele, e como funciona a realidade firmada na verdade (na Rocha), para, só então, ser capaz de assumir, verdadeiramente, a postura adequada à nova identidade a nós conferida a partir do novo nascimento. Em outras palavras, é impossível se despir do velho homem e se revestir do novo sem compreender a realidade em que vivem. É impossível firmar-se no reino da luz agindo de acordo com o entendimento do mundo em trevas (Mt 22.12).

Entendemos, dessa forma, que, ao nascermos de novo, somos salvos individualmente para viver em comunidade dentro de uma história magistral em andamento. Somos introduzidos em uma nova família, uma nova comunidade, com uma nova perspectiva de existência, cujos integrantes devem assumir uma postura adequada à nova realidade, na qual nossa identidade vai recebendo ativamente a semelhança absoluta tão almejada por cada um de seus integrantes.

Considerações finais

Considerando essa nova realidade, compreendemos que nossa identidade não se forma à medida que o tempo vai passando; ela vai se restabelecendo quando reconhecemos nossa origem e alvo maior, à medida que nossa semelhança absoluta e, portanto, nossa coerência interna nos são restabelecidas. Isso ocorre enquanto procuramos agir (individualmente e em comunidade) em obediência, de acordo com a imagem e à semelhança daquele que nos criou, nossa verdadeira identidade, nossa identidade-base.

Reconhecemos que Deus se apraz em usar o tempo no qual nos colocou para nos aperfeiçoar. Esse fato nos ajuda a não aceitar que os sentimentos reinem em meio às circunstâncias adversas quando outros nos desaprovam. Assim, reconhecemos que a verdade de Deus deve prevalecer, para que encontremos nossa semelhança por meio da paz de Cristo como árbitro em nossos corações, enquanto recebemos, aceitamos e ocupamos ativamente nossa posição *em* Cristo na história da redenção em andamento e em seu descanso. Reconhecer que Deus se apraz em aperfeiçoar cada um de seus filhos no tempo e no espaço também nos ajuda a aceitar os outros em sua jornada rumo ao alvo, visto que cada um anda de acordo com o que já alcançou (Fp 3.16).

Essas considerações colaboram para o entendimento correto de que nossa identidade *em* Cristo nos vacina contra a esquizofrenia presente em nossos dias. Isso nos ajuda a reconhecer que nossa dependência de Deus nos proporciona sustentabilidade e confiança diária em meio às dificuldades, pois nos permite compreender nossa origem na Criação, e não na imprevisível evolução, na qual reina a sobrevivência do mais apto e do mais forte.

Quando observamos nossa identidade no tempo e no espaço, concluímos que nos encontramos em uma história em progressão, com um alvo a ser conquistado. Esse conhecimento é muito importante, especialmente em um mundo imerso no *Tempo Circular do Eterno Retorno*, imerso na areia movediça da insegurança. Essa parte do entendimento de nossa identidade em Cristo nos ajuda a aprender com o passado, a viver o presente com confiança e a ter esperança na eternidade. Auxilia-nos a esquecer as coisas que ficam para trás e a olhar para o alvo (Fp 3.13-14).

Somos seres completamente dependentes de Deus e interdependentes uns dos outros (Hb 3.13). Fomos criados em um limite de tempo ritmado, em um limite de espaço reajustado, em um ambiente de família, com o objetivo de progredir, em uma história preestabelecida já em andamento. Fomos criados para trabalhar em união (Ef 4.3), no enredo da História projetada pelo Criador, sob suas vistas (Sl 32.8) e em seu descanso (Mt 11.29). Apesar de o mundo individualista, imediatista e hedonista de nossos dias tentar tirar de nós essa lembrança, sabemos que fomos feitos para viver em família, que fomos criados com o propósito de nos oferecer e servir ao Criador, e assim, juntos, na sua dependência, administrar a terra e levar ao mundo a verdade de que Cristo é o Senhor para a glória de Deus Pai (Fp 2.11).

O entendimento de nossa identidade como seres humanos e dessa identidade *em* Cristo é muito mais rico, complexo e desafiador em seus passos do que parece à primeira vista. Necessitamos tirar tempo para entender e conhecer nossa verdadeira identidade e crescer na capacidade de conviver com outros que se encontram em Cristo.

Somente dessa forma poderemos lutar pela fé evangélica, de maneira bem prática, vivendo de um modo digno do evangelho de Cristo (Fp 1.27).

Tudo isso nos mostra que nosso novo modo de pensar nos traz paz, ao entendermos a forma que Deus trabalha com o propósito de nos levar a obedecer aos seus mandamentos e nos fazer mais parecidos com seu Filho. Ele próprio nos leva a nos despir do velho homem e nos revestir de atitudes e atos compatíveis com o novo nascimento, criado *segundo* Deus (Ef 4.24; Fp 2.13). Portanto, tentar obedecer à Palavra, despindo-se do velho e se revestindo do novo, sem o entendimento da identidade e de sua mudança de direção em Cristo nos frustra e leva a nos perdermos em um mar revolto de incertezas. É o renovar da mente — o nos deixar ser renovados por Deus, abrangendo não só a mente, mas o espírito do nosso entendimento — a alavanca para que, pelo Espírito, mortifiquemos a carne com entendimento e propósito. Essa compreensão muda até mesmo nossa oração.

Finalmente, confessamos que o Deus Trino está acima de tudo e em tudo, de tal forma que a humanidade inteira depende dele. A diferença entre os que estão *em Cristo* e os que ainda se encontram *em Adão* reside no fato de que uns trabalham para o Senhor com alegria e conhecimento dessa verdade, enquanto outros trabalham para seu Criador sem, contudo, conhecê-lo. Ambos terão de dar conta de seus atos (Sl 98.9).

Nossa confiança está na certeza de que o próprio Deus nos ajuda a nos revestir do novo homem e, ele mesmo nos convoca a andar nas obras que preparou de antemão (Ef 2.10; 1.11). Isso tudo para nos apresentar diante dele perfeitos (Ef 5.27), "para que, pela igreja, a multiforme sabedoria de Deus se torne conhecida, agora, dos principados e potestades nos lugares celestiais, segundo o eterno propósito que estabeleceu em Cristo Jesus, nosso Senhor" (Ef 3.10-11).

Apêndice

NOSSA IDENTIDADE EM ADÃO

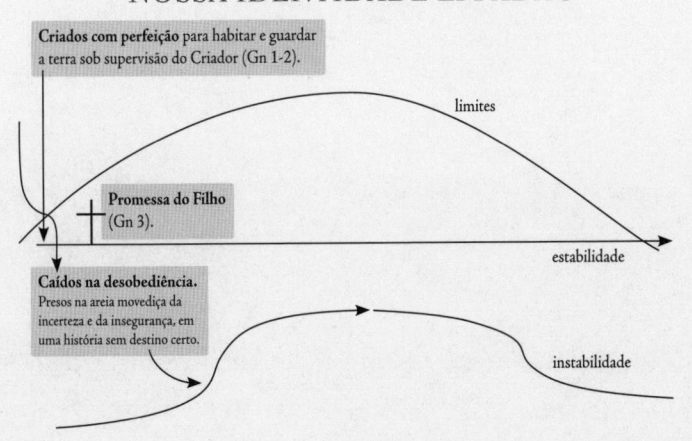

Criados com perfeição para habitar e guardar a terra sob supervisão do Criador (Gn 1-2).

limites

Promessa do Filho (Gn 3).

estabilidade

Caídos na desobediência. Presos na areia movediça da incerteza e da insegurança, em uma história sem destino certo.

instabilidade

NOSSA IDENTIDADE EM CRISTO

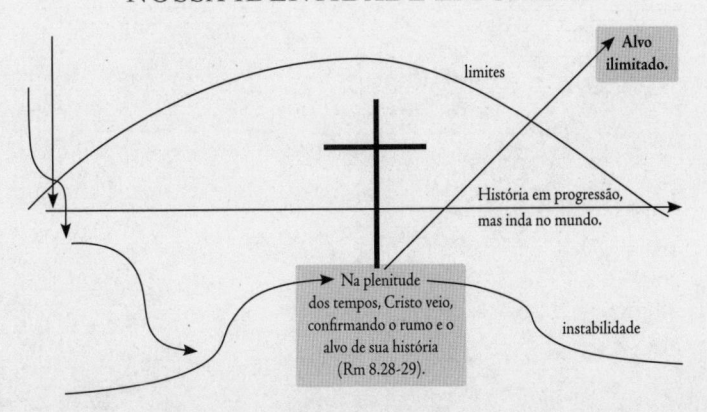

limites

Alvo ilimitado.

História em progressão, mas inda no mundo.

Na plenitude dos tempos, Cristo veio, confirmando o rumo e o alvo de sua história (Rm 8.28-29).

instabilidade

Bibliografia

Alister McGrath. *Um vislumbre da face de Deus: a busca por sentido no Universo* (São Paulo: Loyola, 2005).

Augusto Cury. *Ansiedade: como enfrentar o mal do século; a síndrome do pensamento acelerado; como e por que a humanidade adoeceu coletivamente, das crianças aos adultos* (São Paulo: Saraiva, 2014).

Bruce A. Ray. *Celebrating the Sabbath: finding rest in a restless world* (New Jersey: P&R Publishing, 2000).

Carolina Laurenti; Mari Nilza Ferrari de Barros. "Identidade: questões conceituais e contextuais", *PSI, Revista de Psicologia Social e Institucional* (Londrina: Universidade Estadual de Londrina, v. 2, n. 2, jun./2000). Disponível em: http://www.uel.br/ccb/psicologia/revista/vol2n1.htm.

D.A. Carson. *Jesus, o Filho de Deus: o título cristológico muitas vezes negligenciado, às vezes mal compreendido e atualmente questionado* (São Paulo: Vida Nova, 2015).

Daniel C. Timmer. *Creation, Tabernacle, and Sabbath: the Sabbath frame af Exodus 31:1217; 35:1-3 in exegetical and theological perspective* (Göttingen, Alemanha: Vandenhoeck & Ruprecht, 2009).

David Powlison. *David Powlison: notas de aula (outono 2013)* (Glenside: Christian Counseling and Educational Foundation-CCEF, 2013). Curso Dynamics of Biblical Change.

_____. *Uma nova visão: o aconselhamento e a condição humana através das lentes das Escrituras* (São Paulo: Cultura Cristã, 2010).

Dick Keyes. *Beyond identity, finding your self in the image and character of God* (UK: Destinée Media, 2012).

E. M. Blaiklock. *Today's handbook of Bible characters* (Minneapolis, Minnesota: Bethany House Publishers, 1979).

Elizabeth Gomes. ... *É a vovó* (Brasília: Monergismo, 2014).

Francis A. Schaeffer. *How should we then live?: the rise and decline of Western thought and culture* (New Jersey, EUA: Fleming H. Revell Company, 1976).

Francis Brown; Samuel Rolles Driver; Charles Augustus Briggs. *Enhanced Brown Driver-Briggs Hebrew and English Lexicon* (Oxford: Clarendon Press, 1977).

Gerard van Groningen. *A criação* (São Paulo: Cultura Cristã, 2002, v. 1).

Gerard van Groningen. *Criação e consumação* (São Paulo: Cultura Cristã, 2008, v. 3).

Gláucia Chaves. "O perigo de não dormir", *Correio Braziliense: Revista*. Disponível em: http://www.correiobraziliense.com.br/app/noticia/revista/2012/07/29/interna_revista_correio,312671/o-perigo-de-nao-dormir.shtml, 2012.

Bibliografia

Graham Tomlin. *Comentário bíblico da Reforma, Filipenses e Colossenses* (São Paulo: Cultura Cristã, 2015).

Howard S. Friedman. *Teorias da personalidade: da teoria clássica à pesquisa moderna*. 2. ed. (São Paulo: Prentice Hall, 2004).

Infopédia. *Artigos de apoio*. In: Língua portuguesa com acordo ortográfico. Dicionários Porto Editora, 2003-2016. Disponível em: http://www.infopedia.pt/$identidade-(sociologia). Acesso em: 12 abr. 2016.

James Strong. *Enhanced strong's lexicon* (Canadá: Woodside Bible Fellowship, 1995).

Jay Adams. *De perdoado a perdoador: aprendendo a perdoar uns aos outros da forma de Deus* (Brasília: Monergismo, 2015).

JFB, Jamieson, Fausset and Brown Commentary, *Bible Online*.

Joanna Weaver. *Having a Mary heart in a Martha world: finding intimacy with God in the busyness of life* (Colorado Springs, Colorado: WaterBrook Press, 2010).

João Maia. "Análise do ciclo da marcha normal". *FisioInforma, magazine online sobre saúde e fisioterapia*, Portugal. Disponível em: http://fisioterapiajoaomaia.blogspot.com.br/2013/10/analise-do-ciclo-de-marcha-normal.html, 2013.

John L. Thompson. *Comentário bíblico da Reforma: Gênesis 1-11* (São Paulo: Cultura Cristã, 2015).

John Piper. *Casamento temporário: uma parábola de permanência* (São Paulo: Cultura Cristã, 2011).

Kevin DeYoung. *Superocupado: um livro (misericordiosamente) pequeno sobre um problema (realmente) grande* (São José dos Campos: Fiel, 2014).

L. Witkamp, Dr. *Kolossenzen: een praktische bijbelverklaring* (Kampen: Uitgeverij Kok, 1994).

Luder Whitlock Jr. *Bíblia de estudo de Genebra* (São Paulo: Cultura Cristã/ SBB, 2009).

Mary A. Kassian; Nancy Leigh DeMoss. *Mulher: sua verdadeira feminilidade: design divino: um estudo de oito semanas* (São Paulo: Shedd Publicações, 2015).

Michael Horton. *Cristianismo sem Cristo: o evangelho alternativo da igreja atual* (São Paulo: Cultura Cristã, 2010).

Michaelis. *Dicionário brasileiro da língua portuguesa* (São Paulo: Melhoramentos, 2018). Disponível em: http://michaelis.uol.com.br.

Os Guiness. *Impossible people: Christian courage and the struggle for the soul of civilization* (Illinois: IVP Books, 2016).

_____. "How the church engages in a post-Christian culture". Disponível em: YouTube, https://www.youtube.com/watch?v=Yt2frTdtu88, 02 nov. 2012.

Paul David Tripp. *Abrigo no temporal* (São Paulo: Cultura Cristã, 2015).

_____. *Guerra de palavras: o que há de errado com a nossa comunicação. Uma compreensão do plano de Deus para a nossa fala* (São Paulo: Cultura Cristã, 2011).

_____. *Instrumentos nas mãos do Redentor: pessoas que precisam ser transformadas ajudando pessoas que precisam de transformação* (São Paulo: Nutra Publicações, 2009).

Bibliografia

Peter Thomas O'Brien. *The Letter to the Ephesians* (Grand Rapids, MI: William B. Eerdmans Publishing Company, 1999).

Ray Stedman. *Our riches in Christ: discovering the believer's inheritance in Ephesians* (Grand Rapids, MI: Discovery House Publishers, 1998).

Rob Minkoff; Roger Allers. *The lion king* (Walt Disney Studios Home Entertainment, EUA, 1994).

Rowland S. Ward. *The goal of Creation; the significance of the Lord's day and its connection with God's rest* (Melboune, Austrália: Presbyterian Church of Eastern Australia, 1994).

Schuurman, Egbert. *Cristãos em Babel* (Brasília: Monergismo, 2016).

Significados. "Significado de Identidade." *Significados: um repositório de significados, conceitos e definições sobre os mais variados assuntos*. Disponível em: http://www.significados.com.br/identidade/.

Sinclair B. Ferguson; David Wright. *Novo dicionário de teologia* (São Paulo: Hagnos, 2011).

Stanley Anderson. "The rest of creation: reflections on the Sabbath in time & eternity. Touchstone, *A Journal of Mere Christianity* (Chicago: The Fellowship of St. James, set.-out. 2013). Disponível em: http://www.touchstonemag.com.

Thomas Cahill. *The gifts of the Jews: how a tribe of desert nomads changed the way everyone thinks and feels* (New York: Anchor Books, 1999).

Timothy S. Lane; Paul David Tripp. *How people change* (Canadá: New Growth Press, 2008).

_____. *Relacionamentos: uma confusão que vale a pena* (São Paulo: Cultura Cristã, 2011).

Valéria Perasso. "'Epidemia' de cesáreas: Por que tantas mulheres no mundo optam pela cirurgia?", *BBC, Brasil, notícias*. São Paulo. Disponível em: http://www.bbc.com/portuguese/noticias/2015/07/150719_cesarianas_mundo_rb, 19 jul. 2015.

Wadislau Martins Gomes. *Aconselhamento redentivo* (São Paulo: Cultura Cristã, 2004).

_____. *Teorias e métodos do aconselhamento cristão*, em PDF (São Paulo: Centro de Pós-Graduação Andrew Jumper, 2012).

Werner Kaschel. *Dicionário da Bíblia de Almeida* (São Paulo: Sociedade Bíblica do Brasil, 2005).

William Barcley. *O segredo do contentamento* (São Bernardo do Campo, SP: Nutra Publicações, 2014).

William James. *Great books of the Western world: the principles of psychology*. Encyclopaedia Britannica, INC. (Chicago: William Benton Publisher, 1952).

FIEL
MINISTÉRIO

O Ministério Fiel visa apoiar a igreja de Deus de fala portuguesa, fornecendo conteúdo bíblico, como literatura, conferências, cursos teológicos e recursos digitais.

Por meio do ministério Apoie um Pastor (MAP), a Fiel auxilia na capacitação de pastores e líderes com recursos, treinamento e acompanhamento que possibilitam o aprofundamento teológico e o desenvolvimento ministerial prático.

Acesse e encontre em nosso site nossas ações ministeriais, centenas de recursos gratuitos, como vídeos de pregações e conferências, e-books, audiolivros e artigos.

Visite nosso site

www.ministeriofiel.com.br

Esta obra foi composta em AJensonPro Regular 11,5, e impressa
na Promove Artes Gráficas sobre o papel Polen 70g/m²,
para Editora Fiel, em Agosto de 2024